Joyce de Ruiter

December slaan we even over

Van Janneke Siebelink verscheen eveneens
bij Ambo|Anthos *uitgevers*

Soms sneeuwt het in april

Meld je aan voor onze nieuwsbrief om op de hoogte te blijven van
de nieuwste boeken van Ambo|Anthos *uitgevers* via
www.amboanthos.nl/nieuwsbrief.

Janneke Siebelink

December slaan we even over

Verhalen over het leven uit het hospice

Ambo|Anthos
Amsterdam

MIX
Papier | Ondersteunt verantwoord bosbeheer
FSC® C083411

Deze uitgave kwam tot stand door bemiddeling
van Marianne Schönbach Literary Agency bv

ISBN 978 90 263 6281 1

Deze columns waren eerder te lezen op *Libelle.nl*
Omslagontwerp Margo Togni
Omslagillustratie © plainpicture/chinch gryniewicz
– The Rauschen Collection (kievietsbloem);
© songglod/Adobe Stock (achtergrond)
Foto auteur © Fred Baggen

Verspreiding voor België:
Veen Bosch & Keuning uitgevers nv, Antwerpen

De mens gaat niet dood omdat hij ziek is,
de mens gaat dood omdat hij leeft.

– Seneca

December 2020

Mevrouw Van den B.

Halftien in de ochtend. Gure wind op de Berlagebrug wil me terugduwen naar mijn warme huis waar mijn kinderen achter hun laptop een actief schoolleven simuleren. Op de fiets naar het hospice, dat aan een doodlopende straat ligt in Amsterdam, laat ik de mail die ik gisteravond van de vrijwilligerscoördinator kreeg nog eens door mijn gedachten gaan. Ze had een bericht aan alle medewerkers doorgestuurd van een andere vrijwilliger. 'De afgelopen tijd merk ik dat ik met minder plezier naar het hospice ga. Nu ik met pensioen ben, wil ik me richten op dingen die me energie geven. Daarom heb ik besloten te stoppen met het vrijwilligerswerk.' Terwijl ik doortrap vraag ik me af: waarom doe je vrijwilligerswerk? Doe je het voor jezelf, voor karmapunten? Zo ja, is dat erg? Bestaat het dat je iets volslagen belangeloos voor anderen doet, louter uit liefde?

Aangekomen bij het hospice doe ik mijn fiets op slot en zet ik mijn mondkapje op. Met mijn elleboog druk ik op de metalen plaat waarmee de deur automatisch openzwaait, ik hang mijn jas op en speld mijn naambordje op mijn blouse. In het kantoortje pak ik de bewonerslijst. Er staan bekende namen op, er zijn namen verdwenen, er zijn nieuwe namen bij gekomen. Bij de meeste staat P van Palliatief. Bij sommige staat Q van Quarantaine, omdat ze net binnen zijn gekomen en we het virus graag buiten willen houden. Bij enkele namen staat niets. Die blijven hier maar even, om op adem te komen. Mevrouw Van den B. is zo iemand. Ze is drieënnegentig, mankeert niets, behalve dat ze op mysterieuze wijze in het najaar door haar benen zakte. Een paar dagen na haar verjaardag.

December slaan we even over

Nadat ik de lunch heb bereid, ga ik naar haar toe om te vertellen wat er op het menu staat. De mensen zonder P eten bij voorkeur in de woonkamer, zodat ze niet te veel afgezonderd raken. Mevrouw Van den B. eet desondanks liever op haar kamer. Ze kan niet tegen de eetgeluiden van de anderen. Ze zit bij het raam als ik binnenkom, staart naar iets in de verte wat ik niet kan zien.

'Mevrouw?'

Een zacht: 'Ja.'

'Ik heb lunch gemaakt, soep en nog iets lekkers. Zal ik het u dadelijk brengen?' Ik loop naar haar toe en herhaal wat ik zojuist zei. De mondkapjes maken communiceren lastig.

'En hebt u fijne dagen gehad?' Na oud en nieuw heb ik haar om verschillende redenen niet meer gezien.

'Ik ben blij dat het voorbij is,' zegt ze. Ik kijk naar haar elegante handen die in haar schoot gevouwen liggen. Haar nagels zijn gelakt, ze draagt een lange zijden rok, een zachtroze vestje en extravagante oorbellen. Drieënnegentig jaar.

‘Ik had tien kinderen. Sinds zes jaar overlijdt er ieder jaar in december een. En vorig jaar ook een kleinzoon.’ Ik ben woordeloos en neem plaats in de lege fauteuil naast haar.

‘Ik vind het geen fijne dagen. Ik zie er altijd tegen op, tegen december. Ik kijk naar de klok, tot het tien uur is zodat ik naar bed kan.’

‘Slaapt u goed?’ vraag ik.

‘Nee, maar dan is de dag in ieder geval weer voorbij.’

‘En televisie of een boek, geeft dat afleiding?’

‘Er is geen afleiding voor mijn verdriet. Behalve de maand januari. Dan heb ik even rust.’

‘Even rust?’

‘Ja, dan kan ik me voorbereiden op het verdriet van februari. Dat is de maand dat mijn man vorig jaar overleed.’ Het mag eigenlijk niet, maar toch raak ik haar aan. Ik voel haar tere huid. Het zou verboden moeten zijn om je eigen kinderen te moeten begraven.

‘Daarom wil ik ook geen kerststukjes. Ze kwamen vragen of ik wat op mijn kamer wilde, maar ik zei nee, dat wil ik niet. Ik vind december niet zo leuk. Ze kwamen ook nog met een goodiebag van de kerk hier vlakbij. Dat bruine papieren tasje daar. Er zit iets van nootjes in en chocolademelk. Neem het zo maar mee naar de keuken, als je wilt.’ Ik knijp in haar handen, in een poging een bemoedigend gebaar te maken.

Ik breng haar het eten en blijf even bij haar zitten. Een mens zou van minder door zijn benen zakken.

Paniek, een pilletje en het medicijn

Al is het verlies van kinderen, ouders, geliefden onvergelijkbaar, ik ken het gevoel dat de grond onder je voeten wordt weggeslagen. Het is inmiddels ruim een jaar geleden dat ik zelf werd overvallen door sombere gevoelens, die in de nacht moeiteloos overgingen in paniekaanvallen. Ik had zeven jaar non-stop bij een groot commercieel bedrijf gewerkt. Mijn bevlogenheid ging ver: het eerste wat ik deed nadat ik ontwaakte uit de narcose na een pittige operatie, was mijn mail checken. De dienstdoende verpleegster tikte op haar voorhoofd en pakte mijn telefoon af. Het was een fantastische baan, waarin ik fantastische mensen leerde kennen, fantastische projecten mocht optuigen en fantastische resultaten kon boeken. Het was een fantastische verslaving. En ik hield er bijna een fantastische burn-out aan over.

Zulke pilletjes bestaan niet

Er waren talloze gesprekken met een coach, familie en vrienden nodig om in te zien dat deze werkomgeving niet meer gezond voor mij was. Het voelde als falen, het voelde als opgeven en enkele weken nadat ik ontslag had genomen, kwamen de donkere wolken. Uit het veld geslagen en met tranen in mijn ogen deed ik mijn verhaal bij mijn huisarts. Ik wist niet wat ik zocht of wat ik van hem verwachtte. Een pilletje dat alles op zou lossen? Heel graag! Maar mijn huisarts schreef me helemaal niets voor. 'Zulke pilletjes bestaan niet.'

In plaats van een recept uit te schrijven, vertelde hij dat hij naast zijn werk als huisarts stervensbegeleider was. En dat de gesprekken die hij voerde met mensen in hun laatste dagen vrijwel nooit over werk gingen, tenzij ze iets werkelijk groots voor de wereld hadden gedaan waar ze trots op waren. De gesprekken gingen over familie, relaties, liefdes. 'Je bent niet je werk, Janneke.' Hij praatte verder, maar in gedachten bleef ik het woord stervensbegeleider omcirkelen. De verantwoordelijkheid die het met zich meebrengt, de kostbaarheid van iemands laatste uren. Waar begin je een gesprek, hoe eindigt een gesprek. Hoe houd je moed? Moet je moed houden? En hoe gaan andere culturen om met de dood? Wij verstoppen onze doden achter hoge hekken en heggen. In Afrika eert men de doden met mystieke rituelen en een feest dat dagen kan duren. Men houdt de doden dichtbij, begraaft ze midden in het dorp. Want er is leven na de dood.

Vrijwillig, maar niet vrijblijvend

Thuis meldde ik me aan bij een vrijwilligerscentrale. Ik vinkte aan dat ik graag met mensen werk en dat ik van koken houd, dat ik denk op dat vlak iets te kunnen bijdragen, het liefst in een zorgomgeving. De volgende dag al werd ik gebeld door de vrijwilligerscoördinator van het hospice, mevrouw G. Maar het was allemaal niet zo vanzelfsprekend; ik moest op sollicitatiegesprek komen.

'Ik laat niet iedereen hier zomaar binnen,' zei ze vriendelijk en kalm, maar stellig. 'Het is vrijwilligerswerk, maar daarmee is het niet vrijblijvend. Je moet je in een ander kunnen verplaatsen. Er komen hier mensen die denken te kunnen geven, maar eigenlijk alleen maar nemen. Geeft niet, maar dan is dit niet de juiste plek voor jou.'

Ik was even bang dat ze mij indirect aansprak, maar nadat ik haar mijn verhaal had verteld, mocht ik een dag meelopen met keukencollega H.

Terwijl ze me rondleidde, was het eerste wat me opviel hoe sfeervol het in het hospice is, huiselijk. De keuken is een open keuken in een woonkamer, waar een grote eettafel staat waar men ontbijt, luncht en 's avonds eet, voor zover men nog aan tafel kan en wil komen. Er is een tv, er zijn fauteuils, schemerlampen, bloemen, boekenkast, koffiehoekje met koekjes. Het is hier verre van steriel: geen haarnetjes in de keuken of plastic handschoentjes. Gewoon handen wassen, net als thuis. Wat een vertrouwen, dacht ik: voor deze mensen koken, in hun meest kwetsbare, laatste dagen. 'En er is altijd taart,' glunderde H. 'We worden verwend door de familie van de bewoners. Je komt hier kilo's aan.'

Ze vertelde dat de dag voor keukenvrijwilligers om tien uur begint en rond tweeën eindigt. 'Als je vrijdag komt, geef je maandag door wat je gaat koken en wat je nodig hebt. Het budget is vijftien euro in totaal. Dan kook je voor vijftien tot twintig gasten of bewoners en voor de zorg, verpleging, dokters. We spreken niet over patiënten of cliënten. Het is altijd fijn als er extra eten is om te kunnen aanbieden aan bezoek wanneer er bijvoorbeeld wordt gewaakt bij iemand die aan het sterven is.'

Schuilen voor het leven

In de huiskamer, die grenst aan de open keuken, zijn de bewoners die wel aan tafel zijn komen zitten voor de lunch verwikkeld in een gesprek. Ze praten over het missen van bezoek. Er mag maar één iemand tegelijk komen. Ze dragen geen mondkapjes. Dat is alleen verplicht voor het personeel. Ik kijk naar hun gezichten, naar hun bewegingen. Ik zie hoe de tijd zijn sporen heeft nagelaten, maar ik bespeur geen haast in hun handelen, terwijl ze nog maar dagen, hooguit weken te leven hebben. Ik probeer verder te kijken dan hun huid, de eerste laag. Ze zullen compromissen hebben gesloten. Met zichzelf, met anderen, met het leven. Wat resteert zijn flarden. Momenten, groot, klein. Bij elkaar gehouden door alledaagsheid. In hun leven waren ze geliefden, minnaars, minnaressen. Heimelijk, schuw, vurig, onzeker, wanhopig – al die dingen die de liefde met je kan doen. Ze zoenden, vreeën, dansten. Ze zullen hebben getwijfeld, gewankeld, geloofd en ze zullen hebben gelogen. Ze hebben de wereld rondgezeild, waren docent, boef, bekend. De dood maakt geen onderscheid, sluit niemand uit, stelt niemand boven een ander en is niet leeftijdsgebonden – de eerste dag dat ik hier kwam, werd een jongeman geëuthanaseerd. Zijn zoontje kwam met een iPad onder zijn armpje de keuken in, samen met zijn moeder, om een suikerklontje te halen. Ze hebben rafelranden, schaduwen. Ze zullen hun ouders hebben begraven, hun ouders zullen hen begraven. Ze zullen hebben gefantaseerd over de toekomst, wie ze wilden worden.

Zijn ze geworden wie ze voor ogen hadden?

Ze zullen dagen hebben gekend waarop het zal hebben geleken alsof ze al een beetje heengingen. Omdat ze verdwaald waren, onmachtig te geven wat een ander nodig had. Ze hebben een geschiedenis, een verhaal. Een verhaal dat de moeite waard is, zoals ieder leven de moeite waard is. Ook al denk je soms van niet.

Ongezien

Ik dien de soep op, gulzig romig en dik. Koriandertakje en gedroogde uitjes. Daarnaast kleine kokosgehaktballetjes.

'Haute cuisine!' zegt mevrouw A. verrukt, die hier samen met haar man schuilt voor wat het leven ze heeft gebracht, zo vertelt H. me. Allebei te ziek om voor de ander te kunnen zorgen. 'Wat verwen je ons toch. En wat een leuk koppie heeft ze, hè?' voegt ze eraan toe, knikkend naar de anderen.

Ik schaam me voor mijn eigen gevoel. Het gevoel gewaardeerd te worden. Het gevoel er te mogen zijn, van betekenis te zijn. In mijn werk heb ik me nog nooit zo gevoeld.

Haar man is klein van stuk, mager. Hij praat weinig, zijn vrouw des te meer, zo enthousiast als ze is over de aandacht die ze hier krijgen, de toewijding van de zorg. Misschien is het niet de dood die we vrezen. Het is ongezien verdwijnen. Dat is wat we vrezen.

In de nabijheid van de dood is het leven groots

Het eerste overlijden dat ik bewust meemaakte, was dat van mijn oma. Ik zal zeven of acht zijn geweest. Een leeftijd dat de dood ver van je afstaat, iets is wat jou niet zal overkomen. Je hebt er geen grip op. Het heeft geen grip op jou. Je leeft met de overmoed die de jeugd kenmerkt, genadeloos, op kliffen en in diepe zeeën. Hoogmoedig, je bent vermenigvuldigbaar. Het verpleeghuis waar mijn oma, de moeder van mijn vader, rustte, baadde in de schemer. De broers hadden zich verzameld om het bed van oma. Buiten rende ik rondjes om het tehuis in de zachte lentelucht. Af en toe wierp ik een blik door het raam en zag ik oma's borst op en neer gaan te midden van haar drie zonen en rende ik weer een rondje. Na het vijfde rondje zag ik hoe mijn vader en zijn broers in elkaars armen wegkropen. Ze versperden mijn zicht op oma. Ik keerde binnenstebuiten, dit gevoel was te groot. Ik rende door en door, totdat mijn vader me riep om naar huis te gaan.

Schuldig aan het leven

Om twee uur vertrek ik. Als alles schoon en opgeruimd is. Alsof er nooit een lunch is geweest. In de lift naar beneden kijk ik naar mijn spiegelbeeld en ik voel me ongemakkelijk. Schuldig. Ik mag de stad, mijn leven weer in. Ik zei gedag tegen de bewoners. 'Tot volgende week!' Maar ik weet niet wie er dan nog aan tafel zullen zitten, wie er nieuw zal zijn. Ouderdom en ziekte zijn niet genadig. Het maakt me dankbaar op nederige wijze. Ik ben nu zesenveertig. Als het morgen voorbij zou zijn, dan zou ik mijn leven als onvoltooid beschouwen, ik ben nog niet klaar. Kun je er ooit klaar voor zijn? Ik wil geven, ik wil ontvangen, ik wil dansen, ik wil... Tot dat onvermijdelijke moment komt dat willen niet meer aan de orde is.

Vrijwillig in een hospice, in tegenstelling tot de bewoners. Zoek ik het einde moedwillig op om me bewust te zijn van de kostbaarheid van de dagen? Vrijwillig in een hospice en toch had ik er niet bij stilgestaan dat hier mensen overlijden. Deze eerste dag werd een jonge vader geëuthanaseerd. Een ander overleed aan mondkanker. Maar dat wist ik nog niet op het moment dat mij werd gevraagd of ik meeging om te vragen of de familie iets wilde eten. 'Ga je mee, Janneke?' Ik liep de kamer in en zag een lichaam dat niet leefde, dat niet meer ademde. Mijn ogen bleven rusten op zijn borst, waar zijn handen op lagen. Ik wachtte op die zachte, golvende beweging van een pompend hart, een levend hart dat de borstkas op en neer doet gaan. Maar het lichaam bleef stil, er gebeurde niets. Mijn blik verschoof naar zijn mond, een holte zonder lippen, weggevreten door de ziekte.

Gezien

In het kader van privacy blijven de namen van de bewoners en de collega's in dit boek ongenoemd. Behalve Rietje. Want dat vroeg ze zelf met haar onversneden Amsterdamse accent: 'Schrijf mijn naam maar gewoon op.' Rietje is tot drie keer toe meer dood dan levend hier naar binnen gebracht. Tot drie keer toe zaten vrienden en familieleden te rouwen rond haar bed. Tot drie keer toe hervond haar lichaam de kracht en tot op de dag van vandaag bemoeit ze zich met alles en iedereen.

'Ze moeten me daarboven niet, maar hier ook niet. Ik ga maar niet dood. Echt leven komt er ook niet meer van. Schrijf mijn naam maar gewoon op.'

Het is niet de dood die we vrezen. Het is ongezien verdwijnen. Daarom schrijf ik de verhalen op, de microkosmos die het hospice is, zodat de bewoners blijven bestaan, een blijvend leven hier op dit papier.

Het gaat gewoon vanzelf

De lunch is voorbij. De bewoners vragen: 'Kom toch even zitten, je bent maar bezig in de keuken. Jij bent zo iemand die niet stil kan zitten zeker.' Het is meer een constatering dan een vraag. Een heel juiste ook. Het uit handen geven van taken, verplichtingen, zorg, zorgen voor zichzelf – dat vinden de meeste mensen aanvankelijk het moeilijkst als ze in het hospice komen. Na een leven lang zelfstandig te zijn geweest komen plotseling te pas en te onpas mensen je kamer binnen, om te vragen of je nog iets nodig hebt, nog iets wilt eten, je de medicijnen niet vergeet, om je overgeefsel en poep op te ruimen als diezelfde medicatie je ziek maakt, je te verschonen als een baby. De gedachte maakt me bij voorbaat al opstandig en rusteloos. En dan begin ik over grijze haren.

'Ik vind het niet leuk dat ik grijs word.'

Mevrouw D.: 'Kind, dat gaat gewoon vanzelf hoor.' Ik ben zesenveertig en vanbinnen veer ik op bij het woord *kind*. Een gemoedelijk woord. Een beloftevol woord. Alsof het nog maar acht uur is en er nog een onaangetaste, blanco dag in het verschiet ligt. Een dag waarin nog alles mogelijk is. Ik kijk mevrouw D. aan. Haar perkamenten huid verraadt een strijd met haar eigen lichaam op leven en dood. Haar gezicht correspondeert niet met haar rijzige gestalte en pittige geest, haar vlijmscherpe humor en ogenschijnlijk achteloze belangstelling voor het leven. Mevrouw D. is zesenzeventig. Zouden we vriendinnen kunnen zijn geweest, als ik ouder was geweest? Of zij jonger. Maakt dat iets uit, leeftijd, voor vriendschap?

Ik help mevrouw D. in haar rolstoel en als zes van zeven bewoners die aan tafel kwamen zich terug hebben getrokken, maak ik de tafel schoon met een keukenspray. Meneer F., de enige bewoner die nog aan tafel zit (en die ik ijs met slagroom heb gegeven – gewoon omdat het nog kan), trekt snel zijn bakje weg. En ik zeg: 'Heel goed. Dat zou pas ongezond zijn, die spray op uw toetje.'

Hoe zorgvuldig ik mijn woorden ook probeer te kiezen zonder dat medelijden de boventoon voort, soms gaat het mis, zoals nu en ook eerder deze ochtend toen ik binnenkwam en het nodig vond om mee te delen dat het stervenskoud is buiten. Ik wil wegkruipen onder een rots vanwege mijn woordelijke onhandigheid. Mijn blozen blijft niet onopgemerkt en meneer F. zegt: 'Je kan er niet tegen hè?'

Kan ik ertegen? Tegen de vergankelijkheid? De onnozelheid van mezelf? Die ik natuurlijk weer overdrijf. Het klagen over de grijze haren, over andere oppervlakkige en dieper gelegen tekortkomingen? Nee. Ik kan er niet tegen. Ik schaam me ervoor en trek me terug in de keuken, ook al kan hij me daar nog steeds zien en kan ik hem daar nog altijd horen.

Tijd geven

Als ik alles heb opgeruimd en de vaatwasser draait, loop ik nog even langs een paar kamers. 'Tot volgende week, meneer F., Tot snel, mevrouw D., Dahaag, meneer R., Houd u goed, mevrouw A.' Dan realiseer ik me weer, net als op de allereerste dag, dat sommigen volgende week weg kunnen zijn.

Verlost misschien. Verloren voor anderen.

Pindasoep met taugé en kroepoek – het komt me zo banaal voor. Een vriendin zegt me later die dag tijdens een wandeling dat eten en muziek en verhalen het meest zinnelijk zijn. Letterlijk het meest voedzaam, wanneer je lichaam en geest op beginnen te geven.

'Maar ik zou toch ook vluchtelingen kunnen helpen, jonge kinderen leren lezen, er is zoveel te doen,' werp ik tegen.

'Jij doet iets. Je geeft mensen warme, liefdevolle, zelfgemaakte soep. Niet uit blik, niet uit een pakje. Je geeft tijd van jezelf, van je eigen leven.'

Ik denk alleen maar: het gaat vanzelf. Het gaat allebei zo makkelijk en vanzelf: tijd verliezen en tijd maken. De vraag is: waar kies je voor?

Grijze garnalen

Op maandagochtend stuur ik het boodschappenlijstje door voor wat ik nodig heb om te koken die week. Vrijwel altijd soep met iets erbij. Eén keer beging ik de fout om geen soep te maken, maar alleen een quiche. Voor de afwisseling, dacht ik.

'Geen soep?'

'Wat zeg je? Taart? Heb je geen soep?'

'Ik wil graag soep.'

'Maar ik eet altijd soep als lunch.'

'Hartige taart? Mmm, nee, doe maar soep.'

De bewoners deden geen enkele moeite om hun teleurstelling te verbergen. Waarom zouden ze ook. Wat hebben ze te verliezen.

Zuur mondje

Sindsdien maak ik dus sowieso soep. Venkelsoep met wraps, groentesoep met omeletrolletjes, Thaise kokossoep met loempiaatjes, mosterdsoep met groentemuffins.

'Mosterdsoep? Hoe verzin je het?' Amsterdams accent. Een zuur mondje erbij. Mevrouw Van D. voelt zich misschien niet zo lekker, ze weet wel precies wat ze lekker vindt. De eerste paar keer schrok ik van haar reactie. Maar nu weet ik dat ze het altijd zegt, wat ik ook maak.

Het begint vriendelijk: 'Meis, wat fijn dat je er bent. Wat maak je vandaag?'

'Aardappel-knoflooksoep.'

'O.'

Zuur mondje. Nu begint het spelletje.

'Met een salade van bietjes en feta erbij.'

'Hoe verzin je het.'

'U komt wel aan tafel toch? Als het niet smaakt, maak ik een boterham,' acteer ik mee.

'Ja, we zullen weleens zien hè.' Klein glimlachje en weg is ze weer in haar rolstoel.

Als het halfeen is, komt ze aan tafel en eet haar kommetje ('Niet te veel hoor, meis') vrijwel altijd leeg.

Omdat het budget beperkt is, neem ik vaak zelf iets extra's mee. Ik wil geen 'nee' hoeven zeggen als iemand meer wil, niet op deze plek. Nooit eigenlijk, thuis puilt de voorraadkast ook uit 'want je weet maar nooit'.

Vandaag heb ik grijze garnalen bij me. Speciaal voor mevrouw Van D.

'Kind, die vind ik zo lekker,' had ze vorige week verlangend gezegd.

'Dan zorg ik daarvoor, ik doe graag aan verzoeknummers.'

'Maar die zijn veel te duur, kind.' Op dát zekere moment verheugde ik me al op vandaag, de dag dat ik haar mag verwennen met een garnalencocktail.

Het halve werk

Op de fiets speel ik in gedachten de scène al na: mevrouw Van D. vraagt wat ik ga maken, ik zeg courgettesoep, zij doet zuur mondje, ik zeg dat ik iets extra's heb, ze vraagt wat dat dan mag wezen en dan mag ik zeggen: grijze garnalen! Met een glimlach trap ik nog wat harder door. Zet haastig mijn fiets op slot, mondkapje op, hallo portier! Ja, ik kom koken, de garnalen branden in mijn tas, handen desinfecteren, lift naar boven, elleboogje om de deur te openen, spullen in de keuken leggen, jas ophangen, naambordje op, terug naar de keuken en daar wil iemand me iets vertellen.

Er prikt iets achter mijn ogen en ik probeer te slikken, maar het gaat moeilijk. Ik kijk naar het eten dat ik als een mise en place uitstalde op het aanrecht, terwijl iemand tegen me praatte. Voorbereiding is immers het halve werk. Nu kijk ik naar het plastic bakje met garnalen, duw ertegenaan met mijn wijsvinger, leg het recht. Het bakje moet recht liggen. Waar hoop ik op? Dat mevrouw Van D. dadelijk alsnog komt eten? Dat we gewoon ons toneelstukje kunnen opvoeren, zoals we nu al weken doen? De houdbaarheidsdatum geeft aan dat de garnalen volgende week ook best nog kunnen.

'Ze is gisteren in slaap gebracht. Ze wilde niet meer.'

Ze had te horen gekregen dat de ziekte weer aan de winnende hand was in haar lichaam. Ze wilde niet meer. Ze had geen zin meer in de strijd. Ze had geen zin meer in het leven. Wat toch wel de essentie is van de zin van het leven.

Mijn wangen zijn vochtig. Ik kan haar stem nog horen.

'Dag meis, wat maak je vandaag?'

Spijt

Aan het eind van zijn leven zegt de mens het meeste spijt te hebben van datgene wat men níét heeft gedaan. Ik probeer naar deze wetenschap te leven, maar loop regelmatig tegen de beperkingen van de uren in een dag aan. Het verschilt per dag welke actie op mijn to do-wensenlijstje het onderspit moet delven, maar met grote regelmaat is het Het Grote Schuldgevoel naar mijn ouders toe dat me op de schouders tikt. Maar het kan ook mijn gezin zijn, werk, sport, vrienden, broer, zus, geliefden. Dat voortdurende, zeurende gevoel van tekortschieten.

Broos

Meneer B. komt de woonkamer/keuken binnen (97, 'geen sigaretten en geen alcohol, alleen een kopstootje, eentje, en soms een oranjebittertje,' vertelde hij toen ik enkele weken geleden mijn verbazing kenbaar maakte over zijn leeftijd en zijn voorkomen, dat meer overeenkomt met dat van een zevenenzeventigjarige). Meneer B. is hier om te herstellen. Hij heeft een gebroken been.

'Door het tennissen.'

'Sport u veel?'

'Ja, maar tien jaar geleden brak ik mijn andere been. Daarom zit ik in deze rolstoel. Het is wat broos. Maar ik kom er wel weer uit, hoor.'

'En dan gaat u weer tennissen?'

'Ja, dat zou fijn zijn.' Het kan mijn verbeelding zijn, maar er klinkt weinig vertrouwen door in zijn woorden.

'Aan mijn kant is schaduw. Mag ik hier even zitten?'

Ik drapeer een dekentje om hem heen en zet een van de balkondeuren open, zodat de zon hem kan verwarmen en hij de prille, zachte lentelucht kan ruiken. Op verzoek maak ik een 'hoe heet dat nou toch ook alweer, met zo'n melkkraagje', cappuccino, voor hem.

Zonde van de tijd

Het is halftwaalf. Nog een uur voor de lunch begint. Meneer B. heeft zijn hoofd naar de zon omhooggericht, zijn ogen gesloten. De tomaten-venkelsoep en frittata met groene asperges zijn zo goed als gereed. Een vraag brandt op mijn lippen.

'Meneer B., mag ik iets vragen?'

'Natuurlijk,' zegt hij vriendelijk, zijn ogen blijven gesloten.

'Hebt u ergens spijt van?'

'Spijt?' Hij laat zijn hoofd zakken en opent zijn ogen. 'Ik heb nergens spijt van.'

'Van helemaal niks?'

'Spijt is zonde van de tijd.'

'Maar iedereen doet toch weleens iets waar je achteraf sorry voor zegt?'

'En dat is ook heel netjes, om te zeggen dat het je spijt, dat je iemand verdriet hebt gedaan. Maar dan is het ook klaar. Dan heb je ervan geleerd en ga je verder.'

'Gaat dat makkelijker als je ouder bent?'

'Van alle herinneringen die ik heb, zijn er maar een paar die er werkelijk toe doen. En de belangrijkste zijn de herinneringen met mijn vrouw. We dansten vroeger, weet je. Ze was heel mooi. Donker, een beetje zoals jij. Misschien is dat mijn spijt: dat ik daar niet meer van heb genoten.'

'Leeft ze niet meer?

'Ze is vijf jaar geleden overleden. Ik mis haar.'

We zitten samen in de zon, met onze ogen dicht. Denkt hij nu aan haar? Ziet hij haar voor zich?

Nabokov zei: 'Het leven is een klein spleetje licht tussen twee eeuwige perioden van duisternis.' Ik bewaar de woorden van meneer B. zorgvuldig in mijn gedachten. Ik vermoed dat ik ze nog vaak nodig zal hebben.

Thuis bel ik eerst mijn ouders. Daarna neem ik een glas wijn en waarschijnlijk twee en proost op meneer B. Een rimpeling in de eeuwigheid. Dat is alles wat dit is. Een rimpeling. Een klein ogenblik in de onmetelijke hoeveel tijd die ons omringt. Dat is inderdaad veel te weinig om te verspillen aan spijt van de dingen die je niet hebt gedaan.

‘Misschien wil ik dat ook wel’

Ik sta op het balkon tussen de dames H. (94) en C. (80) in. Ze zitten wijdbeens in de septemberzon, die ons deze week nog even verrast met aangename warmte voordat de herfst definitief zijn intrede zal doen. De schouderbandjes van hun nachtponnetjes hebben ze over hun schouders naar beneden getrokken. De tint moet egaal zijn, ook als je in de winter van je leven bent. Ik bracht ze twee glazen citroenlimonade. De ijsklontjes glinsteren en tinkelen vrolijk als ze voorzichtig een slokje nemen.

Ze praten over meneer F. die onlangs is geëuthanaseerd. Hij was vierennegentig, tenniste nog iedere week. Hij kwam om te herstellen van zijn gebroken been, maar iedere dag leek er een kwaaltje bij te komen. Het duurde maanden, zijn lichaam leek stil te vallen en daarmee ook zijn geest. Het was goed zo. Een voltooid leven.

‘Hij was vrolijk hoor, die dag. Hij heeft zelfs ontbeten. En ik heb ook nog even met hem gepraat toen hij dat infuus al in had,’ zegt Rietje.

‘Maar dan zat die vloeistof er nog niet in, dat kan niet,’ concludeert mevrouw H. zonder verder op de andere informatie in te gaan die Rietje met ons deelt.

'Jawel, hij lag toch aan dat infuus. En dat zat in zijn arm hoor. Ik zat ernaast, ik kan het toch weten.' Rietje kijkt me aan en vraagt met haar ogen om bijval, maar ik kijk weg. Ik wil niet voor me zien hoe meneer F. daar lag, terwijl de dodelijke vloeistof zich gestaag door zijn lichaam verspreidde en hij zich voorbereidde op zijn reis naar het onbekende, daar waar niemand over kan vertellen hoe het er was. Ik was dol op hem. Altijd vroeg hij: 'Mag ik misschien een beetje appelsap? Dat is me toch lekker, heel koud.' Hij keek als een kleine jongen in een snoepwinkel zo blij als ik een groot glas op de tafel bij zijn bord zette.

Terwijl ik denk aan zijn grapjes en aan wat zijn laatste gedachten zullen zijn geweest, gaat aan weerszijden naast mij het geharrewar over hoe snel de vloeistof werkt en of de naald er misschien niet goed in zat, nog een tijdje door. Er wordt niet gerept over races in het weekend bij het strand of wanhopige demonstraties tegen een samenraapsel van mismanagement van een land. Ik kijk van links naar rechts en andersom. Ten slotte concluderen de dames vrij klinisch dat de vloeistof waarschijnlijk nog niet was toegediend. Mevrouw H. zucht diep.

'Misschien wil ik dat ook wel,' zegt ze. Ik realiseer me dat ik niet weet of zij aan de niet-palliatieve kant zit. De 'dat je nog weg kan'-kant, zoals Rietje die gang omschrijft. Zelf zit ze aan de andere zijde. De P.-zijde. En dat steekt Rietje niet onder stoelen of banken.

'Hebt u een goed leven gehad? Ik bedoel, u leeft natuurlijk nog *(hou je mond, Janneke)*. Ik bedoel, als u terugkijkt,' vraag ik onhandig aan mevrouw H.

'Nee.'

'Dat kan natuurlijk ook, hè,' reageert de immer alerte Rietje die mijn ontsteltenis en ongemakkelijkheid aanvoelt. 'Het is niet altijd leuk, het leven,' vult ze aan.

Ik vraag: 'Wat is er gebeurd?'

'De oorlog.' Altijd weer de oorlog, denk ik.

'Altijd weer de oorlog,' zeg ik.

'Ik was krijgsgevangene, vijf jaar lang. Van mijn twaalfde tot mijn zeventiende. In jappenkampen. Mijn vader stond op een zwarte lijst. Ik zag hoe ze kokend water over anderen gooiden. Het was schorem. Echt schorem. Pas in Nederland in 1945 waren we vrij.'

'Ik kan me voorstellen dat u zich niet meteen vrij voelde,' zeg ik en ik zak door mijn knieën zodat ik op dezelfde hoogte zit.

'Nee, niet meteen. Maar mijn moeder had veel humor. Daarmee hielp ze ons erdoorheen. Samen in de modder, samen uit de modder. Maar vooral als je in de modder zit, moet je samen zijn. Dat leerde ze mij.'

'Maar het stond, staat voor altijd op uw netvlies gebrand.'

'Ja, dat gaat er nooit meer af,' verzucht Rietje.

'Nee.' Mevrouw H. schudt haar hoofd. 'Dat gaat er nooit meer af.' Ze trekt aan de armleuning van de terrasstoel, zakt achterover in de zon en sluit haar ogen. Ik probeer dit grote gevoel passend te maken in mijn hart en in de realiteit van alledag.

'Zie ik u dadelijk bij de lunch?'

Beide vrouwen knikken.

De woorden zijn even op.

Het soepvlees snijd ik heel fijn. Ik maak kaasstengels van

bladerdeeg en geraspte kaas. Salade met ei, tomaat, komkommer, bieslook, Amsterdamse uitjes en mayonaise. Na een uurtje komen ze binnen en zetten zich aan de tafel die inmiddels is gedekt.

'Wat is dat?' Mevrouw H. wijst naar de kaasstengels.

'Kaasstengels,' zeg ik. 'Vers uit de oven, ze zijn nog warm, hier, proef maar.' Ik schuif een schaaltje naar haar toe.

'Die maakt ze zelf, heel lekker!' roept Rietje bemoedigend.

'Misschien wil ik dat ook wel,' zegt mevrouw H. afwezig. 'Ja, misschien wil ik dat ook wel.'

Oranjebitter

'Hé, staat het er nu nog?' De neiging om hardop in mezelf te praten neem ik overal mee naartoe. Verbaasd kijk ik naar de fles oranjebitter die in de deur van de 'voorraad'koelkast staat. Die kwam met Koningsdag op tafel, herinner ik me. Ik pak 'm en houd hem omhoog om de inhoud te inspecteren. Het oranje drankje walst uitnodigend tegen het glas.

'Dat was toch nog van Koningsdag?' vraag ik aan mevrouw Van de W. (96) en meneer G. (93), die aan tafel zijn blijven zitten na het ontbijt. Ik laat de fles zien, maar bedenk dat vrijwel alle bewoners van toen nu weg zijn.

'Wat heb je daar dan?' vraagt mevrouw Van de W.

'Sterkedrank,' zeg ik, onderwijl inschattend dat er zeker nog tien borrelglaasjes te vullen zijn met de inhoud van de fles.

'Ik wilde eigenlijk een doosje eieren pakken...'

'Nou, ik heb liever wat je in je hand hebt,' zegt ze sneller dan ik mijn zin af kan maken. Meneer G. slaat met zijn handen op tafel.

'Ja, haha. Een borrel in de morgen, is een dag zonder zorgen.' En hij wijst priemend naar de kast met glaswerk. 'Toe maar, schenk maar in, ik doe mee!'

'Het is nog maar elf uur. Misschien moet ik, ik weet niet of het...' Ondertussen kijk ik naar de gang of er iemand aankomt. Mag dit? Snel probeer ik de mogelijke consequenties op een rijtje te zetten. Wat als ze speciale medicijnen hebben? Wat als door de borrel die ik inschenk – de fles brandt in mijn hand – een van beiden sterft? Aan welke kant zitten ze ook alweer van het hospice? Ik weet het, aan de palliatieve kant. De 'laatste halte'-kant. De 'kan het mij nog wat schelen'-kant, zoals P. het ervaarde.

P. (40) werkte als piloot voordat hij hier terechtkwam door een hersentumor. Hij behield lang zijn decorum, maar op het laatst was hij bijna alle woorden kwijt die hij in zijn leven had geleerd en slaakte hij schurende oerkreten wanneer hij zich verplaatste, als een gewond dier, die zijn pijn voor ons die getuige waren invoelbaar maakten. Zijn lichaam had hem verraden. Zijn lichaam was niet meer van hem, hij had er geen controle meer over. Daarom kwam hij liever ook niet meer aan tafel. Ik herinner me hoe hij in een van zijn laatste weken de woonkamer binnenkwam en plotseling stil ging staan. Ik bevond me op ongeveer tien meter van hem vandaan, in de open keuken.

'Wat was dat nou?' Hij grinnikte als een kleine jongen, keek een beetje beduusd om zich heen.

Ik liet het eten voor wat het was en rende snel naar hem toe.

'Wat is er? Ben je iets kwijt? Moet ik iemand halen?'

'Ik liet een scheetje geloof ik.'

Ik schoot in de lach.

'Het was maar een scheetje, kan het mij schelen,' zei P. en hij schuifelde naar de tafel.

'Nou, komt er nog wat van?' Ik kijk in de levendige ogen van meneer G. En ook mevrouw Van de W. klapt in haar handen. Ik kijk naar de plek waar P. had gestaan. Wat kan het schelen, denk ik en ik pak snel twee borrelglazen uit de kast.

'Die staan er natuurlijk ook niet voor niks,' spreek ik mijn gemoed verzachtend toe, terwijl ik de glaasjes op tafel zet en inschenk. Mevrouw Van de W. slaat het glaasje in één keer achterover, kijkt tevreden voor zich uit.

'Doe er nog maar een,' zegt ze.

'Weet u dat zeker? Straks word ik geroyeerd als vrijwilliger.'

'Welnee!' roept meneer G. 'Je moet juist een medaille krijgen! Zo is het nog eens gezellig hier. In onze keukentjes in onze kamers staan ook twee wijnglazen, we mogen hier gewoon doen alsof we thuis zijn. Kom nou.'

Ik kijk weer naar de fles in mijn handen, voel me baldadig en tegelijkertijd aansprakelijk, alsof ik in overtreding ben. Maar waar ben ik schuldig aan? Denkend aan het nieuws op tv en in de krant stel ik vast dat de mensheid weinig vooruitgang boekt op moreel vlak. Mijn kleine revolte hierboven op vijfhoog in een klein hospice in een grote stad verbleekt bij de misstanden die zich over ons hoofd en rug afspelen in de achterkamertjes van onze bestuurders. En niet alleen daar.

'U gebruikt toch geen medicijnen?' vraag ik vooral voor de vorm – ze hebben er al een op – en ik kijk ze allebei nadrukkelijk aan.

'Niks?' dring ik aan.

'Nee, niks waar we niet toch al dood aan gaan, schat, dus schenk maar in. Het is zo lekker zacht, hè, zo zacht als fluweel op je tong, in je keel.'

‘Poëtisch,’ zegt mevrouw Van de W. dromerig.
Vergenoegd zet meneer G. het glaasje aan zijn lippen.
En wat kan het ook schelen.

Bloemkoolsoep

'Wat gaan ze met die bloemkolen doen, denk je?'

Rietje (80, van de 'waar je niet meer weg kunt'-kant in dit hospice) kijkt vanaf haar plek aan de eettafel argwanend naar de kar waarop de boodschappen liggen uitgestald om afgestreept te worden van de bestellijst. Tussen het brood, de bananen, de per stuk verpakte plakjes kaas en kuipjes jam liggen vijf enorme bloemkolen.

'Ik vrees het ergste,' zegt ze met haar onversneden Jordanese accent en ze kijkt misprijzend naar de groenten. Op mijn beurt kijk ik op het bordje waarop de gerechten staan die komend weekend gemaakt zullen worden en ik probeer mijn lachen te verbergen.

'Wat sta je daar nou te lachen,' roept Rietje.

Mislukt.

'Ik durf het bijna niet te zeggen...' Ik draai het bordje naar haar toe.

'Wat staat daar? Dat kan ik niet lezen vanaf hier.'

'Bloemkoolsoep,' zeg ik en ik draai het bordje snel weer om. Ik weet precies wat er gaat komen.

‘Nee toch! Het is niet waar toch. Van bloemkool moet je bloemkool maken, met aardappeltjes, een balletje gehakt en jus. Geen soep! Van die soep waar je lepel rechtop in blijft staan. Ik wil dat niet, hoor. Vind jij dat lekker?’

Ze spreekt mevrouw O. aan. Mevrouw O. is nieuw, ze heeft een verlammingsziekte, drinkt haar cappuccino door een rietje. Ze zal niet ouder zijn dan een jaar of veertig, vijfenveertig. *Jonger dan ik*, zegt een stem in mijn hoofd. Thuis kan ze niet meer zijn, want haar man heeft precies dezelfde verlammingsziekte als zij. Hij kan amper voor zichzelf zorgen, laat staan voor hen beiden. Dat hadden ze twintig jaar geleden toen ze elkaar in de kroeg leerden kennen en het leven hun toelachte, niet kunnen bedenken. Ik ook niet. Ik was sprakeloos toen ze het vertelde.

Ze blijft hier tot er thuiszorg gevonden is voor zes dagen in de week. De eerste twee dagen heeft ze gehuild, maar nu is ze blij dat ze hier is. Hier hoeft ze niet te wachten op de koffie. Hier kan ze uitrusten, hoeft ze zich niet bezwaard te voelen als ze iets vraagt.

‘Courgettesoep kan ook lekker zijn. Dus waarom bloemkoolsoep niet, met wat kaas erover en de juiste kruiden,’ antwoordt mevrouw O. terwijl ze het rietje probeert te pakken met haar mond.

Rietje schudt haar hoofd. Tegen niemand in het bijzonder zegt ze: ‘Ik ben acht kilo afgevallen (ik denk: o, dat zou ik ook best willen, om me meteen heel erg te schamen voor die gedachte). Maar daar heb ik dus nu mooi niks aan. Ik heb allemaal leuke bloesjes. Droeg ook leren broeken, net als jij.’ Ze knikt mijn kant op. ‘Panterprintje. Leuk vestje eroverheen. Mijn haar was dik, donker. Maar hoe dan ook, ik mag toch zeker zelf weten wat ik eet. En door die ziekte kan ik niet alles eten hè, jij weet wel wat ik bedoel.'

Ik weet wel wat ze bedoelt, ja; haar darmziekte die haar af en toe zo in de greep heeft dat ze gruwelijke pijn heeft en ze haar bed niet uit kan, om haar vervolgens dagenlang met rust te laten en haar wil laten geloven dat ze voorlopig nog niet zal sterven. 'Ik ben er nog steeds, het is niet te geloven hè?' Ze zegt het al zes maanden, iedere week weer. 'Drie maanden over de deadline.'

Mevrouw O. probeert haar gezicht zo te draaien dat ze Rietje kan aankijken. 'Doperwtjessoep met verse munt, dat is ook best lekker. Lekker fris.'

'Ik wil gewone soep, kippensoep, groentesoep. Heldere soep. Niet gebonden of gepureerd met dat ding.' Ze doelt op de staafmixer en kijkt erbij alsof ze over een martelwerktuig praat.

'Je hoeft die soep niet te eten, Rietje,' zeg ik. 'Een boterham is ook prima.'

'Waarom moet het toch altijd soep zijn, waarom moet er altijd maar soep van worden gemaakt? Waarom mag bloemkool niet gewoon bloemkool zijn?' herhaalt ze en ze laat haar haren dansen om haar fijne gezicht als ze nee schudt.

'De wereld was soep en het denken meestal een vork: tot smakelijk eten leidde dat zelden.' Mevrouw O. kijkt met glimmende ogen naar haar inmiddels lege koffiekopje, alsof ze zichzelf verrast. Ik kijk op van mijn snijplankje.

'Wat zeg je?' vraag ik.

'Dat schreef Harry Mulisch in *De ontdekking van de hemel*. Het kwam plotseling in me op.'

Ik kijk naar de twee vrouwen aan tafel. De een heeft nog

maar de helft van het leven van de ander erop zitten. De oudste is twee keer zo klein als de jongste. De jongste komt uit wat eens een sprookje was in een chic dorp bij de zee, de ander komt uit de loopgraven van de binnenstad. Ongewild verbonden aan deze tafel in dit hospice.

Terwijl ik de boodschappen opruim en de bloemkolen die er ook niets aan kunnen doen uit het zicht opberg, schraapt Rietje haar keel.

'Ork, ork, ork. Soep eet je met een... Jij weet wel wat ik bedoel hè?'

Open einde

'Kijk, ik ben er nog steeds. Iedere keer ga ik maar niet dood. Ik word er niet goed van. Mijn ouders zijn dood. Mijn zusjes zijn dood. Mijn broers zijn dood. Mijn vriendinnen worden dement of zijn het al. En ik ga maar niet dood.'

Rietje (80) is zoals meestal aan het woord aan de lunchtafel in haar ponnetje met tijgerprint.

'U hebt waarschijnlijk een sterke wil, een sterk lichaam,' zegt mevrouw O. (40/45 jaar? – *ik ben er nog niet achter*), terwijl ze met een rietje van bamboe in haar cappuccino met één suikerklontje roert.

'Ja, en dat lichaam heeft wat gedaan, hoor. Vergis je niet. Iedere avond ging ik op stap, dansen. Nog een wijntje, nog een. En de mannen. Je wilt het niet weten. Een ander leven.'

Ik kijk op van het snijden van het warme stokbrood. Haar woorden klinken onversaagd, kloek. Maar anders dan haar woorden doen vermoeden, oogt Rietje broos, genadig.

'Genoeg herinneringen,' mijmert mevrouw O., en ze zucht diep en sluit haar ogen.

'Ik heb wel meer dan één leven geleid,' mijmert Rietje mee.

En ineens zie ik haar voor me: Rietje aan de bar. In een echte bruine kroeg waar ze de glazen tenminste nog fatsoenlijk vullen. Voor haar diepe decolleté met lovertjes langs de naden een wijnglas op een bierviltje op een Perzisch kleedje. Portie oude kaas en ossenworst ernaast, grove mosterd in een bakje. Zich bemoeiend met iedereen, zoals ze hier ook doet. Ogen in haar rug. Misschien wel tegen wil en dank.

Eenzame uitvaart

Wanneer iemand is overleden, krijgen wij, de vrijwilligers, een mail. Omwille van begrijpelijke privacywetgeving worden de overledenen aangeduid met 'mevrouw B.', vaak gevolgd door een summiere beschrijving als '... van kamer 321 is vanmorgen in bijzijn van zijn/haar dochter/zoon/kleinkinderen rustig ingeslapen.' Soms staat er 'vredig', soms staat er 'sereen', soms staat er 'kalm', soms staat er niets bij. Dan denk ik aan de Eenzame uitvaart; een stichting die als doel heeft 'een waardig en respectvol afscheid bieden aan overledenen, die het ontbreekt aan familie, vrienden of een sociaal netwerk. Dit vanuit de gedachte dat ieder mens de moeite waard is om over na te denken en het verdient om met speciaal voor hem of haar gekozen woorden begraven te worden'. Een menslievend initiatief. Daar denk ik aan als er geen duiding wordt gegeven van de omstandigheden waarin iemand is gestorven. Waren ze alleen, eenzaam, bang misschien?

Zojuist krijg ik zo'n mailtje. Er staat: *Rietje is vannacht overleden.* Het is een kaal bericht. Zonder bijvoeglijke naamwoorden, en ik zie alles van Rietje de afgelopen maanden voorbijkomen. Hoe ze keer op keer bleef benadrukken dat ze aan de 'hier ga je nooit meer weg'-kant woont. De diepgewortelde hekel aan bloemkoolsoep en grote voorliefde voor een eitje met mayonaise, verse tomaat en stokbrood met kruidenboter. Ik zie het Jordanese meisje door de gangenstelsels van de stad dwalen. Ook zij is acht geweest, zestien, tweeëndertig... leeftijden die kantelpunten markeren in iemands leven; ontdekken dat je een eigen identiteit hebt, de liefde en het lichaam ontdekken, leven mogen schenken.

En waar ik ook aan denk: ik heb gisteren geen gedag gezegd. Ze had zich (weer) met van alles bemoeid, met het eten, met de anderen, met het personeel en niks was goed.

'Maar mij hoor je niet, hoor.' Haar blonde engelharen in haar nek, dansend terwijl ze nee schudt.

'Mij hoor je niet.'

Ik heb geen afscheid genomen. Ik hoor je wel, had ik gedacht. Haar bemoeizucht en haar bijna trots zijn op het feit dat ze aan de andere kant ligt, hadden me dwarsgezeten en ik was er zomaar, heel gemakkelijk en vanzelfsprekend van uitgegaan dat Rietje er de week erop nog wel zou zijn.

En nu deze mail. Ze oogde kwetsbaar, ik had het zelf toch gezien.

Een Hawaïaans gezegde schrijft voor: *Voordat de zon ondergaat, vergeef*. Ik had gedag moeten zeggen. De tranen komen, terwijl ik naar het scherm blijf staren.

Zonder afscheid

De week die daarop volgt vult zich als vanzelf met werk, lijstjes, afspraken, dromen, onwillekeurige angsten zoals pensioengaten straks als ik groot ben, kortom: het leven. Een hoofd vol gedachten die het verdriet tijdelijk in een hoekje van mijn geest drukken tot dan onvermijdelijk de vrijdag zich weer aandient.

Ik fiets door de nog altijd met zachte septembertemperaturen gevulde straten naar het hospice en stel me de leegte voor aan tafel. Nu al mis ik haar stem. Haar gekrakeel, haar plukharen, haar worsteling. Haar hand op mijn arm. Ze had er toch ook niet voor gekozen om zo te eindigen? Woest trap ik door, boos op mezelf. Een open einde, denk ik, zonder afscheid. Voor de deur haal ik diep adem, wend me af van de spiegel in de lift en stap de gang in.

Er is geroezemoes in de woonkamer met open keuken, de gang rechts en links is leeg. Ik verman mezelf en ga naar binnen.

'Hé, daar ben je. Kijk daar is ze, ik zei toch: het is vrijdag, dan komt zij.'

Enthousiast stoot ze mevrouw O. aan, die haar kopje koffie gelukkig net had neergezet.

'Waar was je nou vorige week? Je was zomaar weg. Ja, dat heb ik heus wel in de gaten, hoor. Ik ben wel oud, maar niet gek. En nog steeds niet dood, hè. Zo zie je maar. Vertel 's, wat ga je vandaag maken, kind?'

Heel kortgeleden, zo kort dat ik het niet heb geweten, kwam er een tweede Rietje. Ze is maar even gebleven.

Sommigen sterven voordat ze doodgaan

Hulpeloos staat mevrouw P. (81) in de woonkamer.

'Ik weet het niet meer. Ik kan het niet meer zelf.'

'Wat kunt u niet meer zelf?' Ik zet het vuur laag, loop naar haar toe en neem haar aan de arm mee naar de eettafel waar nog twee andere dames zitten.

'Ik kan het niet meer bedenken. Ik kan niet op de juiste woorden komen.'

'De juiste woorden waarvoor?' vraag ik.

'Zoals wat ik eet, in de ochtend.' Mevrouw P. zegt alles met een glimlach, alsof het allemaal zo erg niet is. Klagen doet ze nooit.

'Witbrood. Zónder korstje. Mét smeerkaas,' weet ik.

'Ja, precies. Het spijt me, ik wil je niet tot last zijn.'

Een van de dames kijkt op.

'In de Joodse traditie worden bedelaars geëerd omdat ze anderen in staat stellen om te geven. Dus met jouw vraag maak je haar juist heel gelukkig. Dan kan ze je helpen.'

Ik knipper even met mijn ogen. Verbijsterd kijk ik naar mevrouw D. (89) aan de andere kant van de tafel. Ze heeft al een uur niets gezegd en nu zo plots deze waarachtige volzinnen. Ze hangen roerloos tussen ons in, boven de ontbijtkoek, boter en jam.

'Ik weet het niet meer.'

Mevrouw P. is vergeten wat ze kwam doen.

'U kwam ontbijten,' zeg ik.

'Ik wil graag terug. Breng je me terug?'

Triviale feiten

Gearmd lopen we door de gang.

'Soms ben ik in de kamer, een heel normale kamer waarin alles logisch lijkt, maar het ís dan niet logisch.'

Ze stopt, leunt met een hand tegen de muur en vervolgt: 'Het klopt niet. Meubels staan andersom of zijn zelfs helemaal weg. Gezichten veranderen, stemmen. Zelfs ikzelf, als ik in de spiegel kijk.'

Ik vraag of het haar angstig maakt.

'Nee, niet angstig. Maar ik denk wel: waarom moet het allemaal zo moeilijk in mijn hoofd, waarom klopt het niet?'

'Wie zegt dat uw waarneming niet de juiste is? We zien de wereld allemaal een beetje anders. En ze ontdekken nog altijd nieuwe dingen. De hersenen zijn het meest complexe orgaan. Wist u dat het brein in dertien milliseconden bepaalt of iemand aantrekkelijk is of niet?'

Ze kijkt me glazig aan. En ik kijk glazig terug. Waarom zeg je niet iets nuttigs in plaats van dit soort zinloze Triviantfeitjes? denk ik bij mezelf.

'Daarom blijf ik altijd aardig, hoor. Je weet maar nooit wie je tegenkomt.'

Ik sla een arm om haar heen.

'Ja, dat weet ik. U bent echt heel aardig en lief. En u lacht altijd.'

'Dat vind ik belangrijk, want verder weet ik het ook niet. Dus dan kan ik maar beter aardig zijn. Nu ga ik naar het toilet, is dat goed?'

I want my mommy

Een paar dagen later ga ik naar de film *The Father*, waarin acteur Anthony Hopkins op onnavolgbare wijze een tachtigjarige man portretteert die langzaam zijn grip op de werkelijkheid aan het verliezen is. Zijn omgeving verandert heel subtiel; een schilderij dat op een andere plek hangt, een andere bekleding van de bank, deuren die naar andere kamers leiden... precies zoals mevrouw P. het onlangs schetste.

Het lichaam van Anthony (het hoofdpersonage draagt dezelfde naam als de acteur) is nog altijd sterk. Het ene moment is hij charmant, als de man die hij moet zijn geweest. Dan, plotseling, is hij gemeen, slingert vileine opmerkingen naar het hoofd van zijn geduldige, liefdevolle dochter Anne, die wijselijk zijn uitspraken negeert. In een volgende scène is hij boos. Het is een moment waarop hij zich bewust lijkt te zijn van het tergend trage, mensonterende proces dat dementie is. De desoriëntatie. Het besef van de falende geest en de schaamte maakt hem radeloos. Vragende, zoekende ogen. *Waar is de man die ik ben? Waar ben ik? Waar is iedereen?*

Van boos, naar ernstig, naar kwetsbaar.

Dan maakt zijn psyche nog een laatste U-bocht en duikt hij als een jongen van zes met een volwassen lichaam in de armen van een zuster en smeekt om zijn moeder. Tranen glijden langs zijn wangen. Hij huilt, schokt en treurt zoals alleen kinderen intens, diep verdriet kunnen uiten.

Hij wil zijn moeder.

'I want my mommy.'

De scène is hartverscheurend.

Zuurstof

Sommige mensen sterven voordat ze doodgaan. Maar niet alleen een sluipende ziekte, ook een eenzaam huwelijk, een onaangeraakt lichaam, een veel te drukke baan, eindeloos piekeren, pesterijen en perfectionisme onttrekken zuurstof aan je bestaan.

Voeg leven toe aan de dagen, zo luidt een beroemde uitspraak van de Britse arts en medeoprichter Cicely Saunders van de moderne hospicebeweging en palliatieve zorg in de jaren zestig. Voeg leven toe aan de dagen. En ook aandacht, bescherming. Ook als je nog gezond bent. Ook als je nog niet op het punt staat alles te verliezen. Voor je het weet zijn ze op.

Ramses Shaffy & Diamond Painting

'De dood is de koningin van wat je niet kunt beschrijven. Dood staat boven alles.' Dat schrijft Maria Barnas in het bijzonder mooie boek *Hier besta ik*. Een rijke verzameling van gedachten en gedichten over poëzie, eenzaamheid en de dood. Aan eenzaamheid kun je sterven. Uit een verzameling van zeventig internationale onderzoeken blijkt eenzaamheid de kans op overlijden met zesentwintig procent te verhogen. Het verhoogt de kans op een beroerte, op een depressie, zelfmoord en waarschijnlijk ook op alzheimer – al wordt dit laatste nog verder wetenschappelijk onderzocht.

Aan poëzie is, voor zover ik weet, nog nooit iemand gestorven.

Welke gevolgen verveling kan hebben, échte verveling – niet het kinderlijke 'ik weet niet wat ik moet doen' – is voor zover ik kan nagaan nooit in cijfers gevangen, maar hier in het hospice zie en hoor ik dat verveling de bewoners bezighoudt. 'Dat onaangename gevoel van leegte zodat de tijd lang lijkt', aldus de Dikke Van Dale.

'Vind jij het hier gezellig dan?' Mevrouw D. (89) haalt me uit mijn gedachten en kijkt me met uitdagende ogen aan.

'Ik denk dat niemand ervoor kiest om hier te zijn. Maar het geeft rust. Voor u, voor uw omgeving.'

'Maar thuis is het toch veel gezelliger? Ik wil geen rust. Ik zat in het bejaardenwerk, weet u, zuster. Nu ik hier ben, denk ik: we hadden entertainment moeten bedenken.'

Ja, dat weet ik. Ik weet dat mevrouw D. zelfs in het bestuur zat van dit hospice en de verzorgingsafdelingen die op de etages hieronder zitten. We zijn allemaal een zuster voor haar.

'Ik zie alles. Maar ik hou mijn mond, hoor.' Brede grijns.

'Wat ziet u dan?' probeer ik voorzichtig. Ze kijkt van me weg. De kleur van haar stem verandert als ze zegt: 'Ik vind het maar niks. Het is chaos hier!'

'Wat kan er beter?' zeg ik, terwijl ik het warm krijg. Ik draag een veel te dikke trui en de ramen mogen niet open van de bewoners aan tafel, want zij hebben het juist koud.

'We doen allemaal ons best, toch?' zeg ik er wankel achteraan.

'Nou, ik zie het heus wel hoor. Sommigen doen maar wat. Dan is het klaar en dan denken ze "zo, het werk zit erop".'

Ik probeer me niet aangesproken te voelen. En als vrijwilliger voel ik me niet gemachtigd om hier iets van te vinden. Het is ook niet waar wat ze zegt. Mevrouw D. zat in het bestuur, ze heeft nooit op de vloer gewerkt. Ze weet niet hoeveel zorg de mensen die niet meer hier in deze woonkamer komen nodig hebben. Zij zijn onttrokken aan haar waarneming. Ik richt me op wat ze eerder zei, over entertainment. Ze is niet de eerste die hier iets over zegt, over de verveling. Het samenvallen van de uren met dagen en weken. Misschien is mevrouw

D. daarom ook wel extra alert op de omgeving om hen heen.

Zou mevrouw A. (67) kunnen helpen?

Drieduizend diamanten

Mevrouw A. heeft een gebroken been. Ik ga naar haar kamer om te vragen of ze naar de woonkamer komt voor de lunch.

'Wat bent u aan het doen?' vraag ik, terwijl ik over haar schouder kijk naar een patroon van vlinders met wijd gespreide vleugels in een idyllische, groene omgeving, een soort regenwoud.

'Dit? Dit is diamond painting, maar ik ben er helemaal klaar mee.' Ik kijk van haar naar het plastic tapijtje op haar bureau dat voor het raam staat en uitzicht biedt over de stad.

'Ik vind het mooi,' zeg ik. 'Het lijkt een beetje op schilderen of borduren met kleine diamantjes. Is het veel werk?' Ze zucht en draait zich weg van het tafereel.

'Het is verschrikkelijk. Het zijn drieduizend steentjes. Ik heb het groene gedeelte gehad nu. Nu ben ik eindelijk bij de kleur van de vleugels.' Ik kijk naar het duizelingwekkende aantal minuscule steentjes in alle kleuren van de regenboog, in plastic bakjes uitgestald boven het doek.

'Ik vind het knap, het moet monnikenwerk zijn.'

'Maar ik wilde niet zo'n grote.' Ze schudt haar hoofd, vervolgt: 'Mevrouw W. van deze gang even verderop, kwam kijken en zei: "Dat wil ik ook" en die heeft dus nu zo'n kleintje.' Met haar handen geeft ze het formaat van een servet aan. 'Zoiets dus. Dat zou ik ook wel willen, maar nou zit ik aan deze vast. En je moet met één kleur tegelijk werken, want dan hoef je niet steeds te wisselen tussen de steentjes en voorkom je fouten. Anders verlies je het overzicht.' Haar bovenlip trilt terwijl ze praat.

Voor diegene die dacht dat hij alleen was

Aan tafel zit nog steeds mevrouw D. Ze zingt. Ramses Shaffy.

'Zing, vecht, huil, bid, lach, werk en bewonder!' Haar stem is dun, maar een oude kracht klinkt erdoorheen. Ik geniet. Na Ramses volgt 'De Heer is mijn herder. Hij is alles wat ik nodig heb. Hij brengt mij tot rust.'

'Wat zingt u mooi,' merk ik op.

Verschrikt kijkt ze om. 'Dat is een mooi liedje, toch?' vraagt ze vrij dwingend en ik stel me haar voor aan de bestuurstafel. Ferm en daadkrachtig, geen spelletje mee te spelen.

'Een heel mooi liedje,' beaamt mevrouw A., die ik in haar rolstoel naar de tafel heb gebracht. 'Zingt u nog iets?'

'Ik heb dit vroeger zelf bedacht, hè?' Ze wuift met haar armen om haar heen. 'Als ik toen wist wat ik nu weet...'

'Zingt u nog iets?' Ik herhaal de vraag van mevrouw A., terwijl ik iets wegslik, iets wat pijn doet, iets hardnekkigs. Iets wat voelt als machteloosheid. Iets wat het zorgpersoneel dag in, dag uit moet voelen: het is nooit genoeg.

De dood staat boven alles. Daarna eenzaamheid. Hand in hand met verveling. Maar onderschat nooit een te groot diamond painting-canvas.

Een week later ligt het er nog. Er zijn geen steentjes bij gekomen.

Een dag met een gaatje

Het is nog geen zeven uur. Buiten is de wereld nog in slaap. Het porseleinen schaaltje met yoghurt van dochter A. is zojuist in duizend stukjes en spetters op de grond gevallen, de voor de conditionele coopertest noodzakelijke sportspullen van zoon V. blijken nog ongewassen in de wasmachine te zitten, het brood is op, de regen slaat tegen de ramen en het enige windjack dat beide kinderen plotseling nog blijken te passen, scheuren ze bijkans in tweeën in hun strijd om bescherming tegen het brute weer, terwijl ik op mijn knieën het gesneuvelde ontbijt bijeenveeg.

Het is duidelijk oktober.

Tegen negenen heb ik het gevoel dat er al twee dagen op zitten, maar vol goede moed trap ik op mijn fiets richting het hospice waar de ochtend, zo stel ik mij voor, aanzienlijk rustiger is verlopen. 'En wat heb je nou helemaal te klagen,' fluister ik mezelf vermanend toe, slagregen striemend in mijn gezicht.

Ik schud de paraplu – die ik niet heb kunnen gebruiken vanwege de wind, maar die toch heel erg nat is geworden –

voor de deur van het gebouw uit en in de spiegel van de lift probeer ik mijn haar te fatsoeneren.

De dokter komt

'Ja hoor, het is vrijdag. Daar is ze weer! En ik ben er ook nog, zes maanden nu al. Dat weet je, hè? Ik ga maar niet dood.'

Ja, dat weet ik Rietje, denk ik en alles wat eerder deze dag, deze week gebeurde, valt van me af. Gelukkig bent u er nog.

In de woonkamer zitten mevrouw D. (89, nette blouse, blauwe plooirok) en Rietje (80, ponnetje met tijgerprint) aan tafel. Het ontbijt is net afgeruimd. Ik pak de grote soeppan – altijd soep – en begin met de voorbereidingen.

'Zuster, zuster!' Het is mevrouw D.

'Zuster, kunt u de dokter halen? Ik vraag al drie dagen naar de dokter.' Bij het ophangen van mijn jas in het kantoortje zag ik de arts zitten.

'Ik heb haar gezien. Zal ik vragen of ze komt?' Uit een ooghoek zie ik (en hoor ik) hoe Rietje – inmiddels zelfverklaard conciërge van dit hospice – mijn aandacht probeert te trekken door met haar vingernagels op tafel te tikken.

'Graag zuster, ik heb zo'n pijn in mijn rug en ik vraag al drie dagen naar de dokter.' Mevrouw D. noemt iedereen zuster. Behalve de dokter. Die noemt ze dokter. Mevrouw D. is vanuit haar werkende bestaan nog altijd gevoelig voor hiërarchie.

Als ik in het kantoortje vraag of iemand mevrouw D. zou kunnen helpen, blijkt dat de dokter al drie keer bij haar is geweest. Terug in de woonkamer zeg ik haar dat er dadelijk iemand zal komen en ik knik naar Rietje ten teken dat ik haar seintje van zojuist begrijp. Mevrouw D. kan haar herinneringen niet meer goed bijhouden. Ze weet niet meer dat de dokter gisteren en eergisteren en de dag daarvoor ook al even bij haar is geweest.

'Komt de dokter?' vraagt mevrouw D. met grote poppenogen.

'Ja, de dokter komt,' stel ik haar gerust.

'Dank u, zuster.' Tevreden pakt mevrouw D. de krant en slaat hem op een willekeurige pagina open.

Aangebrand

Rietje vraagt wat ik ga maken.

'Maissoep,' antwoord ik voorzichtig, terwijl ik haar blik ontwijk. Indachtig de bloemkoolsoep van drie weken geleden, heb ik nu al spijt van mijn keuze.

'Maissoep,' herhaalt ze met een schelle, overslaande stem.

'Ja, maissoep. Maar het smaakt niet naar mais.'

'Waarom is het dan maissoep, zuster?' informeert mevrouw D. Ze kijkt in mijn richting, net over de rand van de krant.

Ik ben zesenveertig en leg verantwoording af over maissoep.

'Omdat...' Ik werp snel een blik op het recept. 'Er zit ook kokosmelk in. Dat gaat goed samen met de zoete smaak van mais. En ik maak loempiaatjes, van die kleintjes.' Ik schiet tekort, ik weet het, maar mevrouw D. staat op en zegt: 'Dan ga ik even douchen, want loempiaatjes vind ik lekker.' Zodra ze de woonkamer heeft verlaten, neem ik een onheilspellende geur waar. Een geur van aangebrand eten. De oorzaak heb ik snel gevonden. De loempiaatjes. Ze zijn net zo donker als de lucht in de vroege ochtend, zeg maar gerust: zwart. Ik pak mijn tas, zeg tegen niemand in het bijzonder: *ben zo terug!*

en ren naar de dichtstbijzijnde supermarkt om nieuwe loempiaatjes te kopen.

Donut van tijd

'Er ontbreekt iets,' mompel ik in mezelf.

Mevrouw D. schiet overeind. 'Ik wist het. Ik proefde het bij de eerste hap. Er ontbreekt iets. Ik kan alleen niet de vinger erop leggen wat het is.'

'Het is de mais,' zegt Rietje. Roerloos als een reiger staart ze voor zich uit. 'Het moet de mais zijn. Het doet me denken aan de bloemkoolsoep van vorige week.'

Daar gaan we.

'Waarom maken jullie die dingen, Janneke? Vertel 's. Waarom... waarom gebonden soep, als bouillon volstaat. Eigenlijk zelfs de voorkeur heeft?'

Ik kijk van Rietje naar de andere bewoners die voor de lunch aan tafel zijn gekomen, acht bewoners deze vrijdag. Dat noemen we 'druk', als in: gezellig. Het is fijn als er meerdere mensen aan tafel komen. Bijkomend risico: meer mensen, meer meningen.

Ze kijken me allemaal onderzoekend aan en ik kijk verslagen terug.

Ja, waarom Janneke? vraag ik mezelf af. *Waarom maken we soep, waarom willen we zorgen? Om iets van onszelf te vergeten, te vergeven? Om zin te geven aan het leven? Móéten we zin geven aan ons leven? Is het leven niet goed genoeg van zichzelf?*

'Het is een dag met een gaatje,' constateert Rietje.

'Het is toch vrijdag?' vraagt de enige meneer aan tafel, meneer B. (67).

'Ja, ook, maar het is ook een dag met een gaatje. Zo'n dag

dat niet alles lekker loopt. De loempiaatjes zijn ook al veel te zacht. Ik had liever die aangebrande gehad. Lekker knapperig. Een dag met een gaatje.'

Ik knabbel op een slap loempiaatje en stel me een soort donut voor, samengesteld uit tijd in plaats van deeg, en ik zie hoe ik in het gat te midden van de tijd verdwijn.

'Wil iemand nog een beetje soep?' vraag ik met een knipoog naar Rietje.

Discreet geschuif van borden en kommen.

Eén zekerheid stelt me gerust: mevrouw D. is dit morgen allang weer vergeten.

Rode rozen & tortilla's

Terwijl ik voor mijn gevoel net het zout uit mijn haren heb gewassen en het zand uit de handdoeken heb geklopt – de souvenirs van de zomervakantie – is deze week de herfstvakantie alweer afgelopen. De tijd rekt zich uit en krimpt. Dan weer loom, dan weer sneller dan het licht. Alsof er nooit een virus is geweest waar we ons met avondklokken, isolatie en vaccinaties tegen moesten wapenen stromen de agenda's, feestzalen en levens weer vol, maar in het hospice gaan de mondkapjes weer op 'bij beweging' – dat wil zoveel zeggen als wanneer je door de gang loopt en bij de gasten (bewoners) op de kamers komt. 'Het is niet anders,' zo stond in de mail die wij, personeel en vrijwilligers, ontvingen.

Lege soep

'Ik ben benieuwd wat de dag vandaag gaat brengen.'

Mevrouw D. (89) heeft *De Telegraaf* voor zich liggen en leest voor niemand in het bijzonder vrolijk hardop de koppen voor die in grote chocoladeletters op de pagina's staan. 'Vrouw komt onder de trein, terwijl ze een hondje wil redden.' Ze kijkt op en lacht. 'Het is wat! Dan wil je een hondje redden en ga je zelf dood. Ach ja, soms is het spoor maar breed genoeg voor één.'

'Is ze dood?' vraag ik, voorbijgaand aan haar mooie, filosofische laatste zin. 'Ze kwam onder de trein, dat wil niet zeggen dat ze dood is.' Ik heb hoop nodig vandaag, goed nieuws, het ontbreekt me aan veerkracht de laatste tijd en aan het gevoel verbonden te zijn, maar mevrouw D. is al drie koppen verder, bij 'Personeel gezocht in de reiswereld'. Ze wil zich aanmelden, want ze is dol op reizen. En dan vergeet ze haar ambitie ter plekke, slaat de krant dicht en herhaalt: 'Ik ben benieuwd wat de dag gaat brengen.'

Als het maar geen dag met een gaatje is, denk ik huiverend. De matte maissoep, de aangebrande loempiaatjes de afgelopen keer dat ik kookte... Terwijl ik proef van de Thaise kokoskippensoep die ik samen met omeletreepjes en kroepoek vandaag op het menu heb staan, wellen tranen op in mijn ogen. Waar is de fluwelen smaak van de kokos? De explosie van het zuur van de limoen in combinatie met de pit van de rode peper? De soep smaakt leeg. Het koken lukt niet, vorige week ook al niet, enkele weken daarvoor ook al niet.

Een paar gram perspectief

'Ik ben toch benieuwd, hoor, wat de dag gaat brengen,' zegt de lieve, dappere mevrouw D.

U moest eens weten wat ik u ga brengen, denk ik. Verdrietige soep.

'Mevrouw D.,' probeer ik luchtig, 'wat zou ú willen dat de dag u brengt?'

'Wat?' Ze kijkt me aan alsof ze net ontwaakt.

'Wat zou u willen dat de dag brengt?' Ik hou haar ogen vast, ik wil haar bij me houden, het lijntje mag niet breken.

'Ik zou willen,' formuleert ze zorgvuldig, 'ik zou willen dat er iets nieuws gebeurt, iets onverwachts. Daar heb ik zin in.' Nu kijkt ze me aan als een kind dat voor de ingang van een pretpark staat. Vol verwachting, vol van zin.

Van een kind verandert ze terug naar de oudere dame die ze is, met een rijk leven achter zich en nog klein stukje in het verschiet waarin de dagen vrijwel identiek zullen verlopen, tot die laatste, die ene laatste dag, en ze zegt: 'Ik zou wel nog een beetje meer tijd willen hebben.'

Ik wrijf over haar rug en voel haar jaren door mijn huid gaan. Hoe ze werd geboren, hoe ze als meisje hinkelde, als jonge vrouw door de stad flaneerde met vriendinnen – steelse blikken naar mannen. Hoe ze zal hebben gehunkerd, gehuild, gebeden en gestreden. Ik zie al die fragmenten gebundeld, alles wat haar heeft gemaakt tot de vrouw die ze nu is. Ze wil gewoon nog een beetje tijd, een onsje mogelijkheden, een paar gram perspectief. Allemaal zijn we bang voor de vergankelijkheid en toch denken we dat we uniek zijn. Uniek in onze angst. Uniek in ons einde.

Gevoelens als ingrediënten

Thuis ga ik in bed liggen, al is het nog maar halfdrie, en val in een diepe slaap. Ik droom over de sprookjesachtige roman *Rode rozen en tortilla's*. Tita, veroordeeld ongehuwd te blijven door een wrede familietraditie, maakt een bruidstaart voor haar jongere zusje en haar aanstaande Pedro. Tita is droevig, haar zoute tranen vallen in het beslag. Zij wilde met Pedro trouwen. De gasten die van de taart eten worden ziek. Het bittere verdriet, de droevige gevoelens van de maker heeft ze vergiftigd.

Ik droom hoe mijn tranen in de Thaise kokoskippensoep vallen. Mevrouw D. komt bij me staan in de keuken en wrijft over mijn rug. Ik kijk om. Ze draagt een mondkapje. Ineens ben ik het die oud is. De rollen zijn omgedraaid. Ik vraag haar wat de dag zal brengen, ik vraag het steeds opnieuw.

Mevrouw D. trekt haar mondkapje omlaag, zodat ik haar mond kan zien, en fluistert: 'Wij zijn de enige diersoort die voor elkaar kookt. Koken gaat over zoveel meer dan eten bereiden. Vergeet niet: vaak genoeg is het spoor breed genoeg voor twee.'

Onderzoek

De krant ligt open op de ontbijt-, koffie-, lunch-, diner-, praat-, lach- en tranentafel, maar mevrouw D. (89) ontbreekt. Ik leg mijn tas in de keuken en haast me naar het kantoortje om mijn jas op te hangen en de lijst met namen te pakken die aan het magneetbord hangt voor het personeel. Terwijl ik terugloop, scan ik de lijst en ontspan wanneer ik haar naam zie staan.

Poetsen

Vol goede moed, want uitgerust en met het geruststellende gevoel dat het er enigszins toe doet dat ik besta, dat ik mág bestaan, bind ik de wijnrode keukensloof voor en pak de soeppan. Ik bedek de bodem met een laagje olijfolie, pel de knoflook en uien en laat ze langzaam glazig worden. Ik kijk nog eens naar de tafel waar alleen de krant getuige is van de aanwezige afwezigheid van mevrouw D. Mevrouw D. bewaakt 'haar' krant als een leeuwin. Tijdens het dekken voor de lunch moet ik haar bord, bestek en beker eromheen plaatsen en tijdens de lunch vouwt ze de krant als een servet veilig op haar schoot. Ik veeg het mesje af aan mijn schort, doe het mondkapje op zoals de voorschriften weer dwingend wensen en ga naar haar kamer.

'Mevrouw D.?' Ze zit niet in haar stoel bij het raam, ze ligt niet in haar bed, ze is niet in haar eigen keukentje. Ik hoor gestommel in de badkamer die ze deelt met Rietje. Als ik de deur open, zie ik mevrouw D. bij de wasbak staan.

'Wat ben ik blij u te zien. Wat bent u aan het doen?' Ze draait zich om en mompelt iets onverstaanbaars. 'U poetst uw tanden, ik zie het al. Maar u gaat nog lunchen, toch?' Ze spoelt haar mond die vol met slagroom lijkt en zegt dat ze in de krant heeft gelezen dat ouderen die hun gebit goed verzorgen, minder vaak dementie krijgen. 'Mensen die hun tanden minder dan een keer per dag poetsen, hebben tot vijfenzestig procent meer kans op het ontwikkelen van dementie.' Ze stopt de tandenborstel weer in haar mond, haalt hem er dan snel weer uit en vult aan voordat ik een vraag kan stellen: 'Het is een Amerikaans onderzoek. Die vijfenzestig procent is in vergelijking met deelnemers die hun tanden netjes iedere dag poetsten. Mijn tandpasta is bijna op. Ik moet snel weer nieuwe kopen.'

Tijdloosland

Geïntrigeerd kijk ik toe hoe mevrouw D. zichzelf verzorgt en vertel: 'Vorige week droomde ik over u. We hadden van rol gewisseld. U zei dat ik nog tijd genoeg heb. Uw woorden stelden me gerust.'

Ze stopt met poetsen. 'Heb ik dat gezegd, zuster?' vraagt ze verwonderd.

Ik knik. 'En u wreef over mijn rug. Hier, op deze plek.' Mijn hand ligt tussen haar schouderbladen en beweegt langzaam en klein van boven naar beneden en weer terug. Ik ben gestopt met proberen uit te leggen dat ik geen zuster ben, maar een vrijwilliger die iedere vrijdag de lunch maakt. Mevrouw D. pakt de tube en doet opnieuw een dotje driekleurentandpasta op haar tandenborstel. De tube is bijna leeg, ze heeft hem zorgvuldig opgerold om niets te verspillen.

'Dat is toch wel opmerkelijk,' zegt ze verrast. 'Ik heb ook gedroomd. Ik droomde dat ik door de stad liep. Alle klokken die ik tegenkwam gaven iets anders aan en vertelden me dat ik nooit meer wakker zou worden op de juiste tijd. Dat ik altijd zou moeten dwalen in een tijdloosland. De klokken lieten cijfers vallen, ze tikten op de grond, vervelend gelijkmatig. Het land liep over in een eindeloze zee, maar het tikken ging door.' Mevrouw D. stopt de tandenborstel in haar mond, bedekt haar oren, lispelt: 'Ik wilde dat het stopte. Het geluid was ondraaglijk. De tijd tikte op het water en verdween in de golven.' In haar droom prikten de wijzers in haar huid, duwden haar dieper en dieper het water in tot ze niet meer kon staan. De volgende ochtend werd ze uitgeput wakker.

Ik kijk naar hoe mevrouw D. de tandenborstel geconcentreerd haartje voor haartje afspoelt. Gearmd lopen we samen terug naar haar krant. Ik hecht me sneller aan de bewoners dan ik op voorhand had kunnen vermoeden.

Oud nieuws

'Mag ik even voor u langs?'

'Gaan we al eten?' vraagt mevrouw D.

'Nee hoor, u kunt rustig nog even doorlezen. Ik dek vast de tafel, dan staat alles klaar voor de lunch. Zoals altijd. Weet u nog?'

'Natuurlijk weet ik dat nog,' zegt ze kordaat. Ze zet nog net niet de handen in haar zij. 'Natuurlijk weet ik dat nog.' Als ik het bord, bestek en de beker om de krant van mevrouw D. neerzet, valt mijn oog op het artikel over het verband tussen dementie en tandenpoetsen. Ik lees: 'Blijkens andere onderzoeken worden in de hersenen van mensen die lijden aan alzheimer, de meest voorkomende vorm van dementie, vaker bacteriën aangetroffen die verband houden met tandvleesaandoeningen dan bij mensen zonder alzheimer. De bacteriën van tandvleesaandoeningen kunnen doordringen tot de hersenen en daar ontstekingen en hersenschade veroorzaken.'

Dan zie ik de datum van de krant: 21 augustus 2012. Nu pas zie ik dat de krant vergeeld is, incompleet ook. Maar ik zeg het niet, het is haar krant, haar tijd, haar nieuws. Op haar kamer liggen stapels kranten, oude kranten. Ik vermoed dat wanneer het nieuws van vandaag op is, ze iets ouds uit de stapel plukt.

'Zo, gaan we nu ontbijten?' vraagt mevrouw D. opgewekt.

'Ja,' antwoord ik. 'Zullen we daarna tandenpoetsen?'

Paranormale afdeling

Eenentwintig. De leeftijd dat je geheel onafhankelijk bent voor de wet. De leeftijd dat je ouders niet meer onderhoudsplichtig zijn. Je staat nu op eigen benen. De dag dat ik eenentwintig werd, fietste ik onbekommerd langs de grachten, septemberwind door mijn haar. In de schemer, langs huizen met verlichte ramen. Op weg naar een café om te proosten met vrienden en familie op alles wat er nog in het verschiet lag – al keek ik toen nog niet verder dan de volgende dag. De dochter van mevrouw O. (55, zo blijkt) fietst ook op haar eenentwintigste verjaardag door de stad, novemberregen druppelt van haar paraplu op het linoleum als ze binnenkomt. Zij viert haar eenentwintigste verjaardag hier in het hospice.

Een week eerder

'Het lukt niet, het lukt me niet.' Mevrouw O. zit alleen aan tafel in haar rolstoel die haar een laatste restje fysieke onafhankelijkheid verschaft. Voor haar staat een inmiddels koud geworden cappuccino met één suikerklontje en een bamboerietje. Ze zucht. 'Ik krijg het niet voor elkaar.' Al bijna een uur is ze bezig met haar mobieltje. Ik stap uit de keuken en ga bij haar staan. 'Wat ben je aan het doen?' vraag ik. 'Kan ik helpen?'

'Mijn dochter wordt volgende week eenentwintig. Ik maak een kaart voor haar, een Greetz-kaart. Die maak je online en dan kun je hem per post laten versturen.' Moedeloos laat ze haar telefoon aan me zien. 'Maar het lukt niet, het is zo klein op het scherm.'

'Eenentwintig?' Ik kijk haar vragend aan. 'Dan ben je heel jong moeder geworden.'

'Dat valt mee, ik was vierendertig.' Haar stem kraakt een beetje, ze hoest.

'Dan maak jij vijfenvijftig erg mooi, je ziet er jong uit,' zeg ik. 'Ik dacht dat je veertig, hooguit vijfenveertig zou zijn.'

Ze draait haar gezicht naar me toe. 'Het komt door de ziekte. Alles wordt lamgelegd. Ook mijn gezichtsspieren. Daarom probeer ik zo veel mogelijk te lachen, om mijn mimiek te trainen.' Haar prachtige, gladde huid schittert plotseling in een geheel ander daglicht. Ze zou die direct inwisselen voor een huid met rimpels, in ruil voor een zelfstandig leven en een dansfeest met haar dochter. Voor de mogelijkheid haar eigen rug te kunnen krabben. Ze vraagt me even tussen haar schouderbladen te wrijven. Ze vertelt: 'Ik lig soms in bed en dan kriebelt het verschrikkelijk, maar ik wil het personeel niet lastigvallen voor een beetje kriebel. Ik lig dan vijf, tien, twintig minuten te dubben of ik op het belletje zal drukken. Soms doe ik het wel, soms doe ik het niet.' Ik wrijf nog even extra lang en stevig over haar rug. De vanzelfsprekendheid dat mijn handen alles doen wat ik wil... dat ik mijn voeten kan plaatsen hoe ik wil, wanneer ik wil. Hoe moet het zijn wanneer die vanzelfsprekendheid wegvalt?

Ik neem haar telefoon over, vergroot en verklein het scherm. Het is voor mij, zonder vrijwel geheel verlamd te zijn door een gemene, lichaam- en levensverslindende ziekte, al frustrerend op het minischermpje de wenskaart te versturen. Wat ben je dapper, denk ik. Wat ben je ongelofelijk stoer.

Nu

Mevrouw O. zit op dezelfde plek als vorige week. Nu met een warme kop cappuccino met een bamboerietje voor haar op tafel. Ze buigt net naar voren om een slokje te nemen als Rietje ogenschijnlijk monter de woonkamer/keuken in stiefelt.

'Het is vrijdag, daar is ze weer!' Met open armen komt ze op me af gelopen. Vijf zinnen later is haar vrolijke voorkomen omgeslagen naar verdriet. Ze vouwt haar armen over elkaar en leunt op het muurtje dat de keuken afschermt van het woongedeelte. 'Je weet dat ik weg moet?'

'Waarom moet je weg? Waarheen?' vraag ik, maar ik weet het antwoord al.

'Ik ga niet dood. En als je niet doodgaat, dan moet je weg.' Haar stem is dun, klinkt vlak. 'Ik kwam hier bijna dood binnen, mijn familie stond aan mijn bed om afscheid te nemen en nu ben ik te gezond. Weet je dat dit al de derde keer is dat ik naar een hospice ben gebracht? Ze willen me gewoon niet daarboven. En hier nu ook niet meer.'

Onmenselijk, denk ik – maar ik zeg het niet. Was ze liever doodgegaan? Kun je zo'n vraag stellen?

'Weet je al wanneer je gaat?'

'Nee kind, ze moeten een plek vinden. Ik hoop dat het dat verzorgingstehuis bij de Dappermarkt wordt. Daar zit ook een cafeetje bij en een restaurant. Ander volk hè, beetje volks. Volks volk,' zegt ze met een knipoog.

Parallel, paranormaal, palliatief

'Ga je weg?' vraagt mevrouw O. Haar hoofd schuin, in een poging om te kijken.

'Ja, terwijl ik op de paranormale afdeling zit,' antwoordt Rietje en ze gaat naast mevrouw O. zitten.

'Paranormaal?' Mevrouw O. schudt haar hoofd. 'Paranormaal?' herhaalt ze vragend.

'Die je-weet-wel-kant. Die met de P.' Rietje draait aan de immens grote gouden ring om haar wijsvinger. 'Uiteindelijk komen we allemaal aan die kant te liggen. Vanaf het moment dat we worden geboren, stevenen we af op de dood. Iedereen heeft hetzelfde eindpunt. We nemen alleen andere routes. Was dat trouwens jouw dochter die net wegging?'

Vanuit de keuken luister ik mee naar gesprekken die je niet kunt verzinnen.

'Ja, mooi is ze hè? Ik kan nergens heen, dus hebben we het hier gevierd.' Met een luidere stem en half naar mij gericht: 'Ze vond de kaart trouwens erg mooi.'

'Was ik nog maar eenentwintig,' verzucht Rietje

Mijmerend kijken ze voor zich uit. Allebei naar hun eigen parallelle, voorbije wereld. Door hun ogen kijk ik naar toen zij eenentwintig werden. Naar hoe de wind met hun haar speelde, terwijl ze zorgeloos in de schemer langs de grachten fietsten naar een café. Langs ramen waar andere levens werden geleefd. Om, zorgeloos en vanzelfsprekend staand op hun eigen benen, met vrienden te proosten op alles wat er nog in het verschiet lag.

De ideale soepdikte en het hospice

De kop boven dit stukje is geïnspireerd op een tekst die ik lees in de krant van mevrouw D. (89). Het is een actuele krant, niet een krant uit 2012 waarin het verband tussen tandenpoetsen en dementie werd beschreven. De oorspronkelijke titel luidt: *De ideale soepdikte en de wereldproblematiek.*

Soeponderzoek

Mevrouw D. schraapt haar keel en begint hardop voor te lezen: 'Universitair natuurkundigen doen in opdracht van Unilever onderzoek naar de ideale soepdikte; de soepdikte die mensen als prettig ervaren.' Ze kijkt op van de krant, draait met haar ogen. 'Het gaat om "het vloeigedrag in de mondholte" staat hier.' Ze kijkt weer op, grinnikt. 'Wat klinkt dat vies, brrr.' Dan, plotseling streng, tikt ze met haar wijsvinger op de woorden. 'Het staat er echt: "Fabrikanten en universiteiten bepalen wat de meeste mensen als prettig ervaren en uiteindelijk glijdt de soep steeds gemakkelijker naar binnen. Iedere dag wordt het leven beter en beter. Je zou bijna nergens meer op hoeven te kauwen..."' Mevrouw D. slaat verontwaardigd de krant dicht en schudt hem alsof ze persoonlijk de onderzoekers onder handen neemt die zich voor dit soepkarretje hebben laten spannen. 'Wat een onzin! Ik bepaal zelf toch wat ik wil eten? Waarom moet alles voorgekauwd worden?' De krant belandt op de grond. Ik loop de keuken uit en raap hem weer op. Mijn nieuwsgierigheid is gewekt.

Vloeibare problemen

Ik zie dat mevrouw D. op een interessant punt is gestopt met voordragen. Ik lees: *Je zou bijna nergens meer op hoeven te kauwen, ware het niet dat aan de andere kant van het bestaan weer nieuwe obstakels opdoemen. Heb je net de ideale soepdikte te pakken of het klimaat warmt op, de zeespiegel stijgt en virussen grijpen hun kans.* Ik vouw de krant op en leg hem uit de buurt van mevrouw D., die in beslag wordt genomen door haar eigen problemen. 'Ik ben zo weer terug hoor, zuster.' Ze zwaait terwijl iemand van de zorg haar naar de wc brengt.

Ik ben de kok, wil ik nog zeggen, maar ik slik het weer in. Een tijdje geleden las ik dat je mensen die dementeren niet, niet te vaak althans, moet corrigeren omdat het ze wijst op hun falende verstand. Het is niet van de ene op de andere dag dat hun kostbare herinneringen worden uitgewist. Het is een genadeloos en traag proces waarbij de ramen die het licht doorlaten op een gegeven moment kieren worden waar het bewustzijn doorheen kruipt. En het zijn díé momenten die zo mensonterend en vilein zijn. Want dat zijn de momenten, al zijn ze nog zo dun, waarop de ontmantelende geest wéét dat hij wordt weggevaagd.

Wat eten we eigenlijk?
Roerend in de doperwtjessoep met munt probeer ik de samenhang met de levens hier in dit hospice en dat wat ik zojuist las te ontdekken. Waarom wordt 'onze' smaakbeleving bepaald door 'universitair natuurkundigen' en samengesmolten tot een homogene smaaksensatie? Smaak is subjectief. Onze smaak, onze mening is wat ons onderscheidt van anderen. Ons interessant maakt. Ons doet verlangen naar het een en ons achteruit doet deinzen bij het ander. Smaak, geur, substantie, kleur, inhoud. Los van dit alles: bestaat er geen zinvollere invulling van het bestaan van een universitair natuurkundige? Bij wereldproblematiek en -politiek gaat het om ingrediënten als Belofte. En Integriteit. Wat heb je hier aan die woorden, aan die grote woorden die onze monden verlaten? Wat heb je aan beloftes als je stervende bent?

'Wat eten we eigenlijk?' vraagt mevrouw D., die terug aan tafel is gebracht en op raadselachtige wijze de krant weer heeft weten te bemachtigen. Opnieuw slaat ze hem bij de ideale soepdikte open.

'Wat denkt u dat we eten?' antwoord ik vanuit de keuken.

'Ik weet het toch niet, ik ben niet de kok.' Ze zet haar bril op en buigt over de tafel.

'We eten soep. Pindasoep, met taugé en omeletreepjes.'

'Pindasoep? Nog nooit van gehoord. Is het lekker?'

'Ja, ik denk van wel,' zeg ik. 'Het is zacht. Een beetje romig. Heel anders dan pindakaas.'

Ze zucht tevreden. 'Als het maar niet te dik is.'

Wie heeft universitair natuurkundigen nodig als je mevrouw D. hebt.

Spijbelen

En zo bevind ik mij onverwacht en ongewild in een verstild hoekje van de tijd. Het is vrijdag, halfeen. Ik kijk uit het raam van mijn werkkamer. Buiten is de herfst op zijn mooist. De zon is goudgeel, de weinige wolken romig en wit. Hierbinnen is het stil, ik ben alleen. Even het gedempte geluid van een sirene ver weg, het suizen van het water in de verwarming die ik zojuist heb aangezet. Ik ruik de geuren van de schaal met zoete aardappel en kippenpootjes die in de oven staat. Sinds gisteravond lagen ze in een marinade van honing, tijm en knoflook te wachten om in de tas mee naar het hospice te gaan. Zoon V. (13) zat verlekkerd aan tafel in de keuken toe te kijken, terwijl ik zoutvlokken en peper over het geheel uitstrooide. Dit voorbereiden van de lunch was een uitzondering, gewoon omdat ik er zin in had. En uitgerekend vandaag blijf ik thuis.

Aanvaardbaar risico

Een paar dagen geleden kreeg ik het bericht dat ik geruime tijd in de nabijheid van een positief getest persoon heb verkeerd. Ik zag de situatie voor me; het was een ronde tafel geweest, een lunch. Kleine broodjes op een schaal in het midden. Via via kwam ik erachter dat de besmette persoon in kwestie tegenover me zat, maar toch zeker op anderhalve meter afstand. Ik deed een thuistest, een PCR-test, de volgende dag nog een thuistest, gisteren ook – negatief, keer op keer. Maar vanmorgen werd ik wakker met keelpijn en benauwdheid en deed mijn stem het niet. Geen verhoging. Check. Thuistest negatief. Check. En na de douche, koffie en paracetamol voel ik me eigenlijk best weer prima. Goed genoeg om een vurrukkullukke lunch met kip gerold in pancetta en pompoensoep met parmezaantoast te bereiden. In ieder ander geval was ik gewoon op de fiets gestapt, maar een stem in mijn hoofd zegt: *Je mag niet gaan. Bij klachten, al zijn ze verwaarloosbaar, blijf je thuis.* Bellen met het hospice bevrijdt me van mijn besluiteloosheid. Voor vrijwilligers gelden er andere, in feite strengere regels en wil men ieder risico vermijden. Voor het zorgpersoneel geldt dat ze uiteraard ook uiterst zorgvuldig te werk gaan, maar zij mogen een zeker 'aanvaardbaar risico' meebrengen. Ze zijn immers onmisbaar.

Buiten is de wereld

Collega A. bevrijdt me aan de telefoon weliswaar van mijn besluiteloosheid, het gevoel van spijbelen, maar een zeker gevoel van nutteloosheid blijft aanwezig. Ik staar uit het raam, naar mensen die zich verplaatsen, naar de wereld die mij niet nodig heeft. Het leven en de dood trekken zich niets aan van mijn afwezigheid. Zou mevrouw D. weten dat het vrijdag is en dat ik er niet ben? Ik kijk naar buiten en denk aan het gesprek dat ik onlangs met mijn huisarts had. Hij vertelde dat in zijn praktijk meer dan ooit mensen komen met vragen als 'Wat te doen met dit bestaan?'. Hij zei: 'Het lijkt wel alsof mensen meer dan ooit bang zijn om te leven. Wat jij doet, is jouw tijd geven aan mensen die geen tijd meer hebben. Dat is erg waardevol. Tijd is het kostbaarste wat we bezitten.' Ik kijk naar de huid op mijn hand waar ik sinds enige tijd lichte vlekken zie. Levervlekken, zoals ik me die herinner op de handen van mijn opa. Ze maakten een diepe indruk op me als kind. Het waren signalen van een ander leven, van een leven dat voor mij als zevenjarige in een peilloos verre toekomst lag. Signalen dat de tijd begon te dringen.

Zweven doe je alleen

Bladerend door mijn aantekeningen en uitgescheurde krantenartikelen, valt mijn blik op de woorden van dichter Ineke Holzhaus:

Je moet dapper zijn
om je te laten vallen

je weet niet hoe diep
de grond beneden is
waarop je landen zal

of hij zacht is of hard
warm of juist koud

wie durft dat
welk blaadje laat
als eerste los?

Ritselen doe je samen
zweven alleen.

De oven piept. Het is inmiddels halfdrie. Op een gewone vrijdag kom ik nu weer thuis. Druppelt langzaam het leven onze bovenwoning in de stad weer binnen. Ik hoor de deur opengaan. Schoenen worden uitgetrapt, een tas ploft op de grond. Zoon V. steekt zijn hoofd om de deur die op een kier staat mijn kamer in, vraagt gretig: 'Ruik ik kip?' Tegelijkertijd krijg ik een melding van de GGD: negatief getest. *Ritselen doe je samen, zweven doe je alleen.* Ik ben niet bang, denk ik, ik hou van zweven. Maar ik wil nog lang niet vallen.

Ik heb nog genoeg tijd te geven.

Zij die alle stilte vrezen

Terwijl Alpha, Delta, Gamma, Omikron en andere ongewenste zaken levens wereldwijd ontwrichten, zijn er in het hospice heel andere problemen die aandacht vragen. Mevrouw F. (79) is haar gehoor kwijt.

Selectief essentieel

'Wat zeg je?' vraagt ze.

'Groentesoep met fetacrème en peterselieolie en vooraf maisbeignets met cheddar,' zegt mevrouw D. (89), die naast haar aan tafel zit. 'Ik weet eigenlijk ook niet wat dat zijn, "beignets", maar kijk, het staat op het bordje daar.' Ze wijst met haar balpen, die ze in de aanslag heeft voor een puzzel in haar krant vol selectief nieuws, naar het menubordje waar met een witte stift de lunch en het avondeten op is geschreven. Mevrouw F. houdt beide handen op haar oren. 'Ik hoor niks. Ze hebben iets in mijn oren gespoten en nu zit het helemaal dicht.' Ze sluit haar ogen.

Boven de tafel hangt een lange tak. Aan touwtjes bungelen vrolijk gekleurde ballonnen met pietenbaretten waar gezichtjes op zijn getekend. Mevrouw D. kijkt naar boven, tikt tegen een ballon. 'Ze lopen leeg, de pieten. Kijk dan, ze zijn kleiner dan gisteren.' Ze tikt nog een keer tegen dezelfde ballon. Het gezichtje draait vrolijk in de rondte, de veer op de baret danst erboven mee in het rond.

'Ik hoor echt niet wat je zegt, hoor.' Mevrouw F. klinkt wanhopig nu en begint tegen haar oren te klappen alsof ze een boze geest uit haar hoofd wil verjagen.

'Je zou mijn gehoorapparaat mogen lenen, als het niet nog thuis lag,' grinnikt mevrouw T. (71), sinds een week nieuw in huis. 'Ik vind het wel prima zo. Je mist niks van de buitenwereld.' Tevreden klakt ze met haar tong. 'Ik ben blij dat ik hier ben.'

Ik ook, denk ik. Ik ben ik ook blij dat ik hier weer ben.

'Wat zeg je?' vraagt mevrouw F. Ze kijkt vertwijfeld om zich heen. 'Wie zei er nu iets?'

Mevrouw T. schraapt haar keel en zegt, heel nadrukkelijk en duidelijk articulerend in mevrouw F. haar richting: 'Het is goed hier. Hier is geen corona, geen Black Friday god verhoede, hierbinnen is geen lockdown.' Hartstochtelijk klinkt haar stem: 'Wij zijn essentieel. Hoort u me?'

'Ik wil weten wat we lunchen.' Mevrouw F. zoekt houvast in mijn blik. 'Wat eten we, Janneke?'

'Dat staat op het bordje, u kunt toch nog wel zien?' Mevrouw T. staat demonstratief op, loopt alsof ze tegenwind heeft naar me toe en komt bij het muurtje van de keuken staan, schudt haar hoofd. 'Luisteren en horen zijn ook twee verschillende dingen, hè?' Ze draait zich naar de tafel en zingt: 'Wij zijn essentieel! Wij zijn essentieel!' Alleen de pietjes reageren door de verplaatsing van lucht en draaien dartel om hun as boven mevrouw F. die haar oren weer heeft bedekt en mevrouw D. die de puzzel probeert op te lossen.

Mevrouw T. buigt over het muurtje heen en kijkt keurend naar wat ik maak. 'Ik ken jou natuurlijk nog niet, maar ik kan je wel vertrouwen, toch?' vraagt ze zacht.

'Natuurlijk. Wat wilt u zeggen?' Ik zet het vuur laag en kijk in haar grijsblauwe ogen.

'Ze kunnen alles op slot doen, maar ons niet. Niet mij. Vanbinnen, hier,' ze klopt met een vuist op haar hoofd en op haar hart, 'hier zit de enige stem die telt, hierbinnen zijn we altijd vrij.'

Een ander woord

'Zuster, zuster?' Ik knipoog naar mevrouw T. – al is ze hier nog maar net, ze weet dat mevrouw D. geen onderscheidt maakt tussen vrijwilligers, schoonmakers, bloemschikkers en verpleging – en loop naar de tafel.

'Ja, mevrouw D.?'

'Kunt u mij helpen, zuster? Ik zoek een ander woord voor "selectief".'

'Misschien kan mevrouw F. naast u helpen?' opper ik in een poging mevrouw F. bij de wereld hierbinnen te betrekken. Ik raak haar voorzichtig aan bij haar elleboog, om haar niet te laten schrikken.

'Mevrouw F.? Weet u misschien een ander woord voor selectief?'

Een klein moment is het stil. Dan zegt ze: 'Ik ben toch geen woordenboek.'

Mevrouw T. kijkt verbaasd op. 'O, nou hoort ze ons wel!'

Thuis, in de avond, kijk ik naar de persconferentie, naar het nieuws, naar rellen, naar leuzen, naar een talkshow met mensen met meningen. Voordat ik in slaap val, denk ik aan mevrouw F. Buiten kan de wereld in brand staan, zij zal het niet horen.

Stiekem ben ik een beetje jaloers.

Thuis

Je mag hier roken, drinken, een kerstboom in hartje zomer, een waterballonnengevecht in de winter. Je mag hier gamen tot de zon opkomt, je mag hier leven op een dieet van chocolade, gebakken eieren en roomijs. Het wordt voor je bereid, het wordt op je kamer gebracht. Je mag hier 24/7 Netflixen. Je mag hier een masseur laten komen voor je voeten, je rug, je nek. Een schoonheidsspecialist kost maar tweeënhalve euro. Je wordt gewassen, gekleed en als het moet, word je gedragen. Je mag hier van jezelf houden, honden houden, konijnen, katten. Je mag hier eigenlijk alles. Net als in je eigen beschutte, veilige, eigen huis. Alleen ben je hier niet thuis. Iedereen mag hier komen, je hoeft maar aan één voorwaarde te voldoen.

Kom maar binnen

Het is december, we hebben de lunchtafel extra feestelijk aangekleed met verschillende hapjes. We zingen 'Kom maar binnen' en ik ga naast mevrouw D. zitten. Ze heeft haar vertrouwde krant op haar schoot, tikt ritmisch met haar handen op de tafel. 'Want we zitten allemaal even recht.' Keurend kijkt ze naar de etagères met sandwiches, chocolaatjes, quiches en de glaasjes met wortelsoep die op de lunchtafel staan.

'Wat is dat voor een drankje?' vraagt ze met een fluisterstem.

'Dat is wortelsoep,' antwoord ik.

'Dat is voor paarden,' zegt ze droogjes en ze pakt een in een driehoekje gesneden wit broodje met rookvlees en rucola van een schaal. Ze kauwt, slikt, gaat staan en zegt plechtig: 'En laat je paardje maar binnenkomen en de rest van de groep, want we hebben worteltjessoep.' Terwijl ze haar kleine gestalte weer laat zakken, duwt ze haar glaasje wat verder van zich af.

Sinterklaas, alias collega M., stapt binnen met een vrolijk gemoed, een spatscherm voor zijn enorme baard en een piet met een dik boek met gedichten onder haar arm. Met de andere trekt ze aan de trolley die we op andere dagen gebruiken voor de maaltijden op de kamers. Nu ligt hij vol met tasjes gevuld met cadeautjes. Aan tafel worden onderling melk- en pure chocoladeletters geruild die op de borden liggen en toch weer teruggevraagd bij nadere inspectie van de verpakking.

'Zeurpieten,' mompelt mevrouw D. 'Het zijn allemaal zeurpieten!' Ze gaat staan, er rollen pepernoten op de grond. Sinterklaas M. kijkt verbouwereerd naar zijn eigen bekende mevrouw D., maar blijft in zijn rol: 'Ah, mevrouw D., wat goed u weer te zien. Kent u me nog? Ik u wel, als klein meisje nog. Toen had u ook al zo'n grote mond.' Sinterklaas M. lacht zoals alleen een sinterklaas kan lachen en vraagt of mevrouw D. even bij hem wil komen.

'Gekkigheid,' zegt ze. 'Allemaal gekkigheid en vermoeienissen.' Maar ze schuift haar stoel naar achteren en loopt om de tafel heen. Begroet Sinterklaas met een kleine reverence, een knicksje: ze plaatst haar rechtervoet linksachter en buigt licht door de knieën terwijl haar bovenlichaam en nek verticaal blijven. 'Meneer Sinterklaas.' Behoedzaam nestelt ze zich op zijn schoot. Iedereen volgt in stilte verwachtingsvol haar handelingen.

'Piet, is er een gedichtje voor mevrouw D.? Staat er iets in het grote boek?' Sint M. wuift met zijn witgehandschoende handen naar collega S. die voor de gelegenheid een pietenpak heeft aangetrokken. Ze slaat het boek open, bladert wat heen en weer, doet alsof ze de juiste pagina zoekt.

'Gevonden!'

Mevrouw D. kijkt met grote ogen naar haar op.

'*Mevrouw D., uw krant is u lief, dat weten we allemaal, als u leest en puzzeltjes maakt, een meisje van het ruige land, dan kijk ik naar u, van een afstand, ik denk aan hoe het was, aan hoe u huppelde en zwierf, over eindeloze paden in eindeloze zomers, pluisjes van paardenbloemen in uw vlechten, linten dansend in het rond, de zon hoog aan de hemel, hoop diep in uw meisjeshart, en dan nu, na zoveel jaar, treffen wij elkaar hier, u zien doet mij een groot plezier, maar het maakt me ook een beetje droef, ik stop nu met rijmen, want mijn stem wordt stroef, ik wil u alleen laten weten, ik zal u nooit vergeten.*'

Piet S. slaat het boek eerbiedig dicht. Het blijft stil. Mevrouw D. is tegen Sinterklaas aan gaan liggen. Ik buig mijn hoofd. Zo geruisloos mogelijk probeer ik mijn neus op te halen onder het mondkapje.

Blijf maar buiten

Je mag hier roken, drinken, een kerstboom in hartje zomer, een waterballonnengevecht in de winter. Je mag hier gamen tot de zon opkomt, je mag hier leven op een dieet van chocolade, gebakken eieren en roomijs besprenkeld met bladgoud. Het wordt voor je klaargemaakt, de tafel wordt gedekt. Je hoeft niets te doen. Alles wordt gedaan. Je mag hier de hele dag Netflixen. Je mag een masseur laten komen voor je voeten, je rug, je nek. Je mag hier van jezelf houden, honden houden, konijnen, katten, zolang de verzorging het personeel niet te veel belast. Je mag tegen Sinterklaas aan liggen. Je mag hier veel, net als in je eigen beschutte, veilige, eigen huis. Iedereen is hier welkom. Je hoeft hier maar aan één voorwaarde te voldoen, want je bent in een hospice. Het is hier toch heel anders dan thuis.

Don't forget, you're going to die

In het sprookjesachtige, kleine koninkrijk Bhutan, een land ver weg in de Himalaya tussen China en India, gelooft men dat je een gelukkiger mens bent wanneer je vijf keer per dag aan de dood denkt. Om je daar een beetje bij te helpen, is er een app: WeCroak. Op willekeurige momenten ontvang je een bericht met een quote over de dood, van een filosoof of een poëet. Vijf keer per dag word je aan je eigen sterfelijkheid herinnerd.

De dood als reminder te leven

In eerste instantie denk je waarschijnlijk: waarom zou ik dat willen, vijf keer per dag denken aan de dood? Maar de filosofie achter de app is zo gek nog niet: door je regelmatig te realiseren dat dit leven eindig is, kun je alledaagse beslommeringen beter relativeren. Want hoe erg is het nu helemaal, een koude douche in de ochtend omdat het water niet warm wordt, een pakketje dat weer op het verkeerde adres is bezorgd, de was die niet IN de wasmachine wordt gedaan maar ervoor wordt gelegd, een gebroken glas, een kapotte panty, in de langste rij bij kassa's staan, de vraag krijgen of je moe bent terwijl je als een baby hebt geslapen en vindt dat je er best prettig uitziet vandaag... In het licht van dat ene grote thema waar niemand aan kan ontsnappen zijn dit triviale zaken. 'Besteed je tijd aan dingen die wel belangrijk zijn. Je familie, geliefden, vrienden.' Dát is de werkelijke boodschap.

Haring met uitjes en zuur

Ik vertel mevrouw D. over de app, terwijl ik knoflook, peper en ui snijd.

'Wat is een app?' En ik denk: zalige onwetendheid.

'Een app betekent applicatie, toepassing. Bankieren, geld overmaken bijvoorbeeld? Doet u dat via uw telefoon?'

'Ik bel met mijn telefoon.'

'Ja, u belt met uw telefoon. Logisch.' En ik denk: hoe is het mogelijk dat er in korte tijd zoveel is veranderd? We doen alles met onze telefoon. Alles.

'Je kunt tegenwoordig aan je telefoon vragen om je dagelijks te herinneren aan het feit dat je doodgaat. Dat doet die app.' Ik pak mijn telefoon en laat haar de meldingen zien die ik krijg.

Ze kijkt me vragend aan. 'Waarom zou je dat willen, kind?'

Ik vertel haar de achterliggende gedachte van WeCroak – vernoemd naar het werkwoord *croaking*, dat sterven betekent.

'Maar het is toch veel leuker om aan positieve dingen te denken?' zegt mevrouw D. 'Om herinnerd te worden aan de aangename momenten en dingen in het leven? Een zoen, een taartje, de zon, een haring met uitjes en zuur. Al is dat laatste voor sommigen misschien niet zo plezierig om aan denken. Waarom denken aan de dood? Vijf keer per dag nog wel!'

Ik kijk in ogen die al negenentachtig jaar de wereld in kijken, sinds 1932. Ze zag de Tweede Wereldoorlog, de wederopbouw, de Watersnoodramp. Ze zag de eerste afstandsbediening, de *Lazy Bones*, aangesloten met een draadje aan de televisie. Haarlak, theezakjes. Verzuiling, polarisatie, populisme, rock-'n-roll, postorderbedrijven, pocketboeken, de eerste mens op de maan, Barack Obama, stofzuiger, strijkijzer, wasmachine, afhaalchinees, pizza en spaghetti, feminisme, fabelfabrieken en elektrische fietsen.

Terug in de keuken vul ik pasteitjes met een mengsel van zoete aardappel, crème fraîche, erwtjes, knoflook en komijn, en denk ik aan al die decennia met al die verschillende levens en meningen en talloze gebeurtenissen die zij aan zich voorbij heeft zien trekken.

'Mevrouw D.?'

Ze kijkt op van haar puzzel in de krant. 'Ja, kind?'

'Wat was de mooiste tijd van alle tijden die u hebt meegemaakt?'

Haar gezicht breekt open.

'Waar denkt u aan?' Als vanzelf glimlach ik mee. Ze is op een plek waar ik ook wil zijn.

'Daar heb je niks te maken,' zegt ze met de blik en een blos van een achttienjarige, en ze gaat weer verder met haar puzzel.

Levende app

Mijn telefoon licht op. WeCroak trakteert me op een nieuw citaat: 'Hoe wilt u de dood begrijpen? U begrijpt het leven nog niet eens.' Aldus Confucius. Ik schuif de pasteitjes in de oven. Dek de tafel om mevrouw D. heen. Zonder op te kijken pakt ze mijn arm en zegt: 'Wat heb je aan citaten van dode mensen?' Ik schuif de papieren placemat onder haar krant, het servet met bestek in het midden van de tafel zodat ze er geen last van heeft.

Terug in de keuken pak ik mijn telefoon en delete de app.

Liever denk ik vijf keer per dag aan mevrouw D. In Bhutan geloven ze dat donder het brullen van draken is. En dat is ook niet waar.

De langste nacht

De wereld is gehuld in nevel. Het is zo'n dag die niet wakker lijkt te worden. Ik fiets van mijn huis via de Churchilllaan, over de Amstel, langs de Ringdijk naar het hospice. Het is dinsdag 21 december, de kortste dag van het jaar – vanaf nu wordt alles weer lichter op ons noordelijk halfrond. En terwijl hier de dagen langzaamaan zullen lengen, worden op het zuidelijk halfrond de dagen juist weer korter en de nachten langer. Een subliem, kloppend evenwicht.

Het vindbare hart

In de woonkamer van het hospice is het een en ander veranderd sinds vorige week. De piano is verhuisd van de verste muur naar dichter bij de keuken. Er zijn nieuwe zithoekjes gecreëerd. Boven de tafel glinsteren kerstballen en sterren aan lintjes. Ik ruik verse eucalyptus en dennennaalden. Mevrouw G. (59) komt binnen met bladmuziek onder haar arm. Ze heeft acute leukemie.

'Wat fijn u te zien. Gaat u pianospelen?'

'Als ik niet stoor? Ze hebben een nieuwe piano gebracht.

Deze kun je zachter zetten, dan klinkt het niet zo door.' Ze beweegt een hendeltje heen en weer onder de toetsen, slaat er een paar aan. 'Maar het speelt niet zo fijn, zo gedempt.'

'Storen?' Ik kijk naar meneer D. (70) die aan tafel zit en mevrouw S. (91) die in een fauteuil in het nieuwe zithoekje een enorm dik boek zit te lezen. Haar Sarabec Crescendo-60 hoorversterker die me ergens doet denken aan mijn walkman van vroeger, ligt voor haar op de koffietafel.

'Meneer D., wilt u dat mevrouw G. gaat spelen?'

Hij knikt zo enthousiast als zijn lichaam toelaat. Meneer D. is hier om te herstellen. Hij heeft een zware operatie achter de rug. Ze moesten zijn lichaam openmaken en iets weghalen. En toen is er iets wonderlijks gebeurd: bij een controle in het ziekenhuis waarbij een echo werd gemaakt, kon de echolaborant zijn hart niet vinden. Het was kwijt. Pas toen meneer D. op zijn rug ging liggen, vond hij het. Zijn hart had ruimte gekregen om te bewegen en had die ruimte genomen. En nu zit het midden in zijn borstkas, waar het volgens zijn behandelend arts nog lang en prima kan functioneren. Meneer D. had de woorden van de dokter zorgvuldig opgeschreven, bang om ze te vergeten. Een paar weken geleden liet hij me het briefje zien: 'Wij wonen ook niet ons hele leven op dezelfde plek. Het vergt wat aanpassingsvermogen, het vergt wat zoeken, het vergt wat assimileren en acclimatiseren – ook van de omgeving – maar na verloop van tijd weet niemand beter.'

De beste film

Zorgvuldig dekt mevrouw G. de pianotoetsen weer toe met de rode, flanellen doek tegen stof, schuift de bladmuziek in een plastic insteekhoes. Meneer D. zit te knikkebollen. 'Ik ben ook een beetje moe,' zegt ze, terwijl ze haar hippe, hiphopachtige baret een beetje verder over haar zwarte, ronde bril trekt.

'Het was prachtig. Wat speelde u?'

Ze kijkt schuin naar beneden, naar de bladmuziek onder haar arm. '"Walking on Air", nee, "Walking in the Air". Filmmuziek die hoort bij *The Snowman*. Heb jij misschien nog tips? Ik zoek iets voor kerst. Heb je Netflix?'

Haastig speur ik de filmbibliotheek in mijn hoofd af.

'O, ik weet het al,' zegt ze en ze houdt de bladmuziek omhoog. '*The Snowman*, díé ga ik kijken. Ik speel de muziek, maar ik heb de film nog nooit gezien.'

'Ja, goede keuze. En komt u zo terug voor de lunch?' Tegen beter weten in vraag ik het. Ik weet dat ze 'nee' zal zeggen. Ze zegt iedere week 'nee', maar op een dag hoop ik op een 'ja'.

'Ik eet liever alleen. De chemotherapie voorafgaand aan de stamceltherapie heeft ervoor gezorgd dat alle inentingen in mijn lichaam zijn afgebroken. Ik mág niet eens gevaccineerd worden op dit moment. Mijn afweersysteem is platgelegd om de donorstamcellen de kans te geven zich te nestelen. Maar ik moet af en toe van mijn kamer af, anders wordt het te stil, krijgen mijn gedachten te veel ruimte. Eind deze week krijg ik te horen of de transplantatie is aangeslagen.' Haar zusje is haar donor. Met een kans van vijfentwintig procent dat er in de naaste familie een passende donor wordt gevonden, een bijzonder gegeven. 'Ik ben een beetje gespannen,' vervolgt ze. 'Eind deze week krijg ik te horen hoeveel procent van mijn zusje in mij zit.' Vele kerstfilms verbleken bij dit script. Ik zou haar willen omhelzen. Haar willen aanraken om haar gerust te stellen. Maar ik doe een stap naar achteren voor haar eigen veiligheid.

Kloppend

Nieuwsgierig geworden naar *The Snowman* googel ik de film. Ik lees:

> The Snowman *is gebaseerd op het gelijknamige kinderboek van Raymond Briggs uit 1978. Het vertelt het verhaal van een jongen, James, die een sneeuwpop maakt op een mooie, winterse dag. Die avond, om klokslag middernacht, komt de sneeuwpop tot leven. James wordt wakker en laat de sneeuwpop zijn huis binnen. Op zijn beurt neemt hij James mee naar een feest voor sneeuwpoppen en ze ontmoeten daar de Kerstman. Hij geeft James een sjaal met een sneeuwpoppenpatroon cadeau. Na het feest vliegen de sneeuwpop en het jongetje terug naar huis, waar de sneeuwpop zijn plek in de tuin weer inneemt. De volgende ochtend schijnt wederom de zon en ontdekt het jongetje dat zijn sneeuwpop gesmolten is. Toch kan het echt geen droom geweest zijn, want James heeft de sjaal van de Kerstman nog...*

Op de terugweg stap ik af op de brug over de Amstel en kijk over het water richting het centrum, naar de torens die deels opgaan in de laaghangende mist. De Munttoren, de Montelbaanstoren, de Oude Kerk, het oudste gebouw van Amsterdam uit 1306. De stad en zijn geschiedenis is slechts deels zichtbaar, maar je hoeft het niet te zien om te weten dat het er is. De maan, de zon. Het leven, de liefde, de mensen. De kortste dag, de langste nacht. Een sneeuwpop. Een donor. Het hart.

Zelfs als het even niet vindbaar is, klopt het.

Het belangrijkste lijstje

'Het is weer lijstjestijd.' Mevrouw D. gaat staan en wappert met haar krant alsof ze de lijstjes over de tafel wil uitstorten. 'De Beste Oliebollen, Top 2000, De Beste Sporter, De Beste Boeken, De Beste Muziek, Het Dikste IJs, De Oudste Mens.' Ze gaat weer zitten. Spreidt de krant over de tafel en zegt verontschuldigend als ze opmerkt dat ik haar gadesla: 'Het waren kruimeltjes van het ontbijt.'

Wensenlijstje

'Het geeft rust,' zeg ik vanuit de keuken.

'Wat zegt u, zuster?' Met haar hand vormt ze een schelpje om haar oor.

'Lijstjes. Ze scheppen orde. Ze geven rust, een beetje grip op de enorme hoeveelheid informatie en mogelijkheden die iedere dag op ons afkomen. Alles gaat altijd maar door, toch? Met een lijstje is het leven voor even een beetje overzichtelijk aan het begin van de dag. En tegelijkertijd is het een soort van opruimen zo aan het einde van de dag, van het jaar.'

'Ik maak ook nog altijd lijstjes, maar niet op papier, is dat ook goed? Telt zo'n lijstje ook?'

'Natúúrlijk telt zo'n lijstje ook. Waarom zou het niet tellen?' Ik loop naar haar toe, ga bij haar zitten.

'Omdat het geen lijstje met Het Beste van iets is, maar een wensenlijstje.'

'Wat wenst u?'

'Het zijn wensen voor anderen. Voor meneer D. bijvoorbeeld, dat zijn hart nog heel lang rustig in het midden van zijn lichaam blijft zitten. En voor mevrouw G., dat de cellen van haar zusje zijn geaccepteerd door haar lichaam.' Ze plukt enkele denkbeeldige pluisjes van haar zachte, roze vest. 'Zo wens ik een beetje in het rond.'

Ik kijk haar verwonderd aan. 'Dat zijn de beste lijstjes. Is er iets wat u voor uzelf wenst?' Ongemerkt ben ik dichter bij haar gaan zitten.

'Wat zou ik nog moeten wensen? Wat kán ik nog wensen, mógen wensen? Ik heb alles wat je in een leven kan krijgen gekregen, alle seizoenen.'

Het belangrijkste lijstje

'Waar hebben jullie het over?' Meneer D. (70) komt binnen.

'Over lijstjes,' antwoordt mevrouw D. en ze laat haar wijsvinger langs het lijstje met De Beste Films gaan.

'En wensen,' zeg ik erachteraan.

'Lijstjes? Ik ben dol op lijstjes!' Mevrouw S. (90) slaat haar enorm dikke boek dicht en zet haar hoorversterker op de hoogste stand. 'Mag ik meedoen?'

'Het is geen wedstrijd,' verzucht mevrouw D. 'Maar kom erbij, gezellig.'

Ik schuif een stoel aan de kant zodat mevrouw S. alle ruimte heeft voor haar rollator die ze groter acht dan hij is en help haar in een stoel bij ons aan tafel.

'Ik las laatst over een heel bijzonder lijstje,' zeg ik, terwijl mevrouw G. (59) op de pianokruk gaat zitten en de flanellen stofdoek opvouwt die op de toetsen ligt.

'Ik stoor niet toch?' vraagt ze.

'Nee,' zeggen we bijna allemaal tegelijk. 'Nooit,' strooi ik erachteraan.

'Je vertelde over een heel bijzonder lijstje?' vraagt mevrouw S.

'Het is een lijstje van een Australische verpleegster die voor mensen zorgt die in de laatste weken van hun leven verkeren.' Ik kijk rond, bang dat ik iets verkeerds heb gezegd, maar er gebeurt niets. Iedereen kijkt me verwachtingsvol aan.

'Wat staat er op dat lijstje?' zegt mevrouw D. ongeduldig. 'Geen spijt toch, mag ik hopen. Dat is zo onzinnig.'

'Onzinnig?' Mevrouw G. slaat zacht een lage toets aan.

'Spijt is zonde van de tijd,' zegt mevrouw D. en ze maakt een wegwerpgebaar. 'Zonde! Vertel, wat staat er op dat lijstje van die verpleegster?'

'Op nummer 1 staat: "Had ik maar de moed gehad het leven te leiden dat ík had willen leiden en niet het leven dat anderen van mij verwachtten."' Ik kijk weer rond. Hoor 'mmmm', 'tja', 'ga maar door'.

'Oké, op nummer 2 staat: "Had ik maar niet zo hard gewerkt."' Ik kijk nog even op. Weinig reactie.

'Nummer 3: "Had ik mijn gevoelens maar wat vaker geuit."'

Meneer D. knikt.

'Nummer 4: "Had ik maar meer contact met vrienden gehouden."'

'Ze zeggen wel vaak "maar", vind ik,' merkt mevrouw D. op. 'Nummer 5: "Had ik mezelf maar wat meer geluk gegund."'

Kortstondige knippering

Meneer D. staat op. 'Daar wil ik toch nog wel iets aan toevoegen.' Hij kijkt me aan. 'Mag dat?'

Ik knik, *graag*.

'Stel niets uit. Doe het. Doe het nu. Want gisteren lijkt misschien ver weg en morgen is nog een cadeautje, dertig jaar is niet meer dan een knippering.'

'Een knippering?' vraagt mevrouw S.

'Het gaat om het idee. En nog iets: accepteer dat je het nooit zult begrijpen. Niks. De sterren en wat daarachter ligt. Niet verdrietig zijn om wat je niet weet. Verwonder je. O, en kijk altijd achterom als je afscheid neemt. Altijd. Wees degene die als laatste kijkt.' Ik heb meneer D. nog nooit zoveel woorden achter elkaar horen zeggen.

'En ga nooit boos naar bed, vergeef voor de zon opkomt.' Mevrouw G. slaat een hoge toon aan.

'Zorg voor jezelf,' voegt mevrouw S. competitief toe. 'Zorg voor jezelf. Niet omdat een ander dat vraagt, maar omdat jij dat verdient. Het hoeft niet groots, het hoeft geen diamant te zijn, duur parfum. Maar zorg voor jezelf. Rust. Het helpt tegen de stilte en schaduwen in de nacht, het geeft veerkracht.' Ik ben in een Happinez-kalender beland, denk ik.

'Niemand is immuun.' Mevrouw G. begint te spelen. 'Geniet nu. Meneer D. heeft gelijk. Alles wat je zou willen doen, doe het. Ga met je dochter naar Parijs, ga met je zoon duiken. Ga nachtwandelen over het strand. Wees zuinig op geluk. Kijk omhoog, kijk vaker omhoog.' En ze kantelt haar nek om de juiste toetsen aan te kunnen slaan.

Soms moet je ook naar beneden kijken om niet te struikelen, denk ik.

'Ik vind ons lijstje veel mooier,' zegt mevrouw D. verrukt.

Dat wens ik jullie ook

'Wie leeft écht naar deze wensen, geboden, opsommingen, hoe jullie ze ook willen noemen?' vraag ik. Maar mevrouw S. heeft haar gehoorversterker uitgedaan. Meneer D. snurkt zachtjes. Ik kijk naar links, mevrouw D. heeft haar puzzeltje gevonden in de krant. Ik kijk naar mevrouw G. die naar hartenlust op de piano speelt. Ik sta op en maak de laatste lunch van dit jaar, dek de tafel om de krant van mevrouw D. heen. Alles is hier. Alles is zoals het moet zijn op dit moment. Ik buig naar mevrouw D., fluister in haar oor. Ze kijkt naar me op. 'Dat wens ik jou ook, zuster, dat wens ik jou ook. Dat wens ik jullie allemaal.'

Zij had glitters op haar wang

Op mooie dagen gaan ook mensen dood. Het is lastig voor te stellen wanneer de zon zo lief straalt, de wereld zo zacht kleurt, vriendelijk, romig en zoet. Op mooie dagen sterven ook mensen. Mooie mensen. Ik werd daaraan herinnerd op een stralende dag tussen kerst en oud en nieuw door een rouwadvertentie in de krant. De moeder van een van mijn beste vriendinnen op de middelbare school overleed op 20 december.

Open einde

'Ik vind het een slecht einde,' zegt mevrouw S. (90).

'Maar we zijn pas net begonnen,' stamel ik. 'Met het nieuwe jaar.' Ik trek mijn jas uit en bewaar de gedachte aan het overlijden van de mooie vrouw vlak voor het einde van het oude jaar in een hoekje van mijn gevoel.

'Ik bedoel dit boek,' zegt mevrouw S. en ze tikt op het enorm dikke boek op haar schoot waarin ze al weken aan het lezen is alsof ze het straft. 'Het is sowieso te dik. Voor mijn leven heb ik minder woorden nodig.'

'Wat vindt u dan een goed einde van een boek?' vraag ik, terwijl ik de titel onder haar vingers probeer te ontwaren.

'Als het klopt,' zegt ze peinzend.

'Hoe weet u dat het klopt?' Ze blijft haar hand op het omslag houden, alsof ze de wereld voor het boek wil behoeden.

'Dat voel je. Dan zijn er geen vraagtekens meer. En ook geen uitroeptekens. Zelfs geen komma's. Geen "of" of "mits" of "maar". Geen inhoudingen, geen opstoppingen. Je hebt geen interpunctie meer nodig, geen interrupties. Omdat alles samenvalt en klopt. Alleen een punt.'

'U verlangt een duidelijk einde, begrijp ik.'

'Een verhaal moet geen open einde hebben. Waarom heb ik het boek anders gelezen? Ik mag meekijken in iemands leven, ik leef mee met alles wat die persoon overkomt, ik geef die persoon, dat personage mijn tijd en dan loopt die op de laatste bladzijde zomaar weg, zonder kaartje, zonder richting, zonder duidelijke aanwijzing. En laat mij alleen achter.'

'Zou u willen dat er een boek over u wordt geschreven?'

'Wie zou dat nou willen lezen?' Ze kijkt me verbijsterd aan. 'Jij? En wie zou het moeten schrijven? Waar zou ik moeten beginnen?'

'Ik zou het graag willen lezen.'

'Maar het heeft vooralsnog een open einde.' Fier slaat ze de koraalgouden mohair sjaal om haar schouders. 'Dus er valt nog niets te lezen.' Ik kijk naar haar elegante bewegingen, naar de rijke, stijlvolle stof. 'Mooi hè, van mijn zoon uit Guatemala, handgeweven. Daar zou ik graag nog eens naartoe willen.' Met ogen waarin bijna een eeuw aan herinneringen ligt opgeslagen kijkt ze uit het raam, over de stad. Dan pakt ze haar handtas en haalt er een notitieboekje uit. 'Heb je misschien een pen voor mij? Ik begin gewoon bij het begin. Het einde volgt vanzelf. Toch?' Ik geef haar de pen, loop naar de keuken en ga naar het hoekje in mijn gevoel waar ik eerder deze ochtend iemand even achterliet.

Zij was niet bang

Het contact verwaterde in de loop der jaren, maar de vriendin ben ik nooit vergeten en dat zal ook nooit gebeuren. Al verdwijnen ze uit je directe gezichtsveld, sommigen, de meest bijzondere, de meest unieke, blijven in je hart voor de rest van je leven. Soms is een open einde een geruststellend gegeven. Alles is nog mogelijk. Ik denk aan het overlijdensbericht en zie haar en haar moeder voor me, het liefst lovertjes op de kleding, allebei fonkelend, lonkend naar het leven, altijd een glinstering in en naast hun ogen. Een veegje glans. Een beetje feest uit een potje, iedere dag. In de annonce stond: 'Zij was niet bang. Zij had glitters op haar wang.' Op mooie dagen gaan ook mensen dood. Punt.

Persoonlijk Ontwikkelingsplan

Op zaterdag 1 januari, de mooiste nieuwjaarsdag die ik heb gekend tot nu toe, ontving een van de vier vrienden met wie ik oud en nieuw had gevierd een mailtje van zijn werk. We namen aan het einde van die eerste, nieuwe dag moe maar voldaan de avond door om tot de conclusie te komen dat het intiem en klein, maar geslaagd was en fijn. En toen vertelde mijn dierbare vriend over het mailtje dat hij die ochtend om tien uur had ontvangen van een overijverige HR-manager (mijn woorden, mea culpa) van de 'wereldwijd opererende financiële instelling van Nederlandse oorsprong' waar hij al jaren werkt met grootse toewijding. Alle ruim 15.000 werknemers die ruim 5,5 miljoen klanten dagelijks met hart en ziel bedienen, kregen een mail. En om 10.15 uur volgde er nog een.

Toon

'Wat stond er in die mail?' vraagt meneer D. (70) terwijl hij een hapje neemt van een gevuld kerstkransje. De chocolade is wit uitgeslagen. Op de verpakkingen die in de keuken liggen zie ik dat ze nog tot Pasen houdbaar zijn.

'Er stond in dat het weer een nieuw jaar was en dat een nieuw jaar goede voornemens met zich meebrengt. En dat daar meteen mee begonnen *mocht* worden in de vorm van een Persoonlijk Ontwikkelingsplan, een POP. Dat volgde een kwartier na deze aankondiging. Hij *mocht*, het woord *moeten* is uit den boze – zo vertelde hij – want *moeten* leest te dwingend, lekker aan de slag met de drie motto's van het bedrijf en die op werk- en persoonlijk vlak gaan toepassen. *Een POP is TOP*. Met die woorden werden de 15.000 medewerkers weer digitaal uitgezwaaid.'

'Dank je,' zegt meneer D. met het hart nog altijd op de juiste plek. Hij zucht tevreden.

'Waarvoor?' Ik knip de resterende zakjes met seizoenchocolade open en verdeel ze over verschillende schaaltjes. Met Pasen wil ik eitjes.

'Dat je me het werk niet laat missen. Ik wilde niet stoppen. Ik wilde niet onmisbaar worden. Maar die toon en die inhoud van die mail en het moment van ontvangen... ik word er draaierig van. En het herinnert me aan het feit dat het werk steeds minder leuk werd.'

'U hebt kinderen, kleinkinderen. U bent hoe dan ook onmisbaar.' Iemand van de zorg loopt achter meneer D. langs en geeft hem een knuffel. 'Sorry, ik ving wat op.'

'Dat is anders, zuster. Het werk gaf me voldoening. Er werd iets van me verwacht. Het was niet altijd leuk, natuurlijk niet, maar de prestaties en de administratie daarvan werden belangrijker dan de mensen zelf. Misschien lag het aan mij, hoor, misschien hield ik het niet meer bij.' Hij praat en beweegt bevlogen. 'Maar de studenten wachtten op me en mijn kennis werd gewaardeerd. In ieder geval door degenen die het vak echt wilden leren. Dat waren ook de enige leerlingen aan wie ik oprecht aandacht schonk. De interesse moet van twee kanten komen. Maar het feit dat er een klas op je wacht… Dat is een ander soort thuiskomen dan bij je gezin.'

Noblesse oblige

Van twee kanten. Terwijl ik tomaten in flinterdunne plakjes snijd, laat ik het gesprek met de vriend nog eens de revue passeren: je moet, excuses, je *mag* aangeven wat je interesses, passies buiten je werk zijn. Daar bestaan zelfs potjes voor.

'Dus als je een nieuwe carrière als taxichauffeur ambieert, dan word je daarin gestimuleerd,' lichtte de vriend toe.

'Dat klinkt nobel,' juichte ik verrast.

'Dat klínkt nobel, ja… Een rookgordijn, dat is wat het is!' Woest stond hij op, pakte een fles wijn, een van de weinige die nog over was, en rukte met een opener de kurk eruit. 'Door die vragen te beantwoorden help je mee aan hun natuurlijke selectie. Als jij aangeeft dat je andere passies hebt naast je werk, dan ben je mogelijk niet loyaal. Niet loyaal genoeg. Dus een beetje poen om je een andere richting op te duwen en *poef*, je bent weg. Zonder ontslagvergoeding, want je wilde dit zelf, kijk, het staat hier in je eigen plan.' Met hangende schouders pakte hij een glas en zakte diep in de bank.

'Maar nadenken over waar je naartoe wilt, wat je zou willen bereiken, is toch niet zo erg?' tastte ik nog voorzichtig af.

'Wel als het wordt afgedwongen. Het gebeurt met een fluwelen stem, met een fluwelen handschoen, maar daaronder is alles kil en koud en samengesteld uit KPI's en nulletjes en eentjes, harde data. Geen kloppend vlees en warm, stromend bloed. Niets om te koesteren. Eenheidsdrift is doodsdrift, schreef een schrijfster eens. Proost.'

Met liefde

'Meneer D.?'

'Ja?'

'Hebt u bereikt wat u wilde bereiken?'

'Ik kon alleen maar doen waar ik goed in was: vertellen, uitleggen, verklaren. Misschien gaat het dan wel vanzelf. Als je houdt van wat je doet. En geïnteresseerd blijft. Aandachtig. Zin blijft houden. Ik heb een leerling die minister is geworden, verschillende leerlingen hoogleraar, enkelen hebben boeken geschreven. Er is zelfs een boek aan mij opgedragen, de student bedankte mij voor de inspiratie. Dankzij mij was hij van geschiedenis gaan houden.' Hij fronst even, wrijft over zijn slapen alsof hij nadenkt en staat op. 'Allemaal zonder POP. Maar met liefde.'

Feeling Blue

Het is de derde maandag van het jaar. Volgens de Britse psycholoog Cliff Arnall de deprimerendste dag van het jaar. Hij bedacht in 2005 zelfs een formule waarmee hij kon staven dat dit de dag is waarop de meeste mensen zich verdrietig voelen:

$$\frac{[W + (D - d)] \times T^{Q}}{M \times N_a}$$

De *W* is de maat voor het weer, D voor de schulden, *d* voor het maandelijkse salaris, *T* voor hoelang geleden het kerst was, Q staat voor hoe goed men nog de goede voornemens volhoudt, M voor het motivatieniveau en N_a staat voor het gevoel om actie te ondernemen. Ondanks het feit dat Arnall werd overladen met kritiek op zijn theorie, wordt er jaarlijks veel aandacht aan deze dag geschonken.

Poen en pie

Mevrouw D. (89) schiet in de lach.

'Wat is er zo grappig?' vraagt meneer L. (73) met zijn slissende, Amerikaanse tongval.

'Het was afgelopen maandag Blue Monday. Kennelijk de vervelendste dag van het jaar, al weet ik niet meer zo goed wat ik die dag heb gedaan. Ik heb niks gekocht in ieder geval. Hier staat dat er in Amerika alleen al omzetten op deze specifieke dag worden gegenereerd van 10 tot ruim 11 miljard dollar, nog meer dan op Thanksgiving waarop ruim 5 miljard dollar wordt gespendeerd en Black Friday – 8,9 miljard dollar. Dat is grappig toch?' Ze kijkt hem geamuseerd aan. 'Vooral omdat het een verzinsel blijkt te zijn van een pr-bureau dat gretig wordt ingezet door bedrijven om hun assortiment voor een appel en een ei aan te bieden.' Ze grinnikt alsof ze net een schuine mop heeft verteld.

'Ik schaam me er soms voor Amerikaan te zijn,' verzucht meneer L. 'De tien rijkste mannen zijn ook vrijwel allemaal Amerikanen. Hun vermogen is de afgelopen twee jaar verdubbeld, terwijl in diezelfde periode meer dan 160 miljoen mensen in armoede terecht zijn gekomen.'

Mevrouw D. schudt haar hoofd, reageert: 'Klopt, het staat in hetzelfde stuk.' Ze citeert: '"Vooral vrouwen en andere achtergestelde groepen worden hard geraakt. Vrouwen en meisjes zouden in 2020 gezamenlijk 800 miljard dollar aan inkomsten hebben verloren. Tijdens de pandemie verdienden de tien rijkste mannen per wereld 15.000 dollar per seconde of 1,3 miljard dollar per dag."'

'Obsceen,' slist meneer L. en hij draait zich om. 'Wat maak je voor lunch vandaag?'

'Pompoensoep,' antwoord ik.

Meneer L. kreunt en draait zich weer naar mevrouw D. 'In Amerika maken we geen soep van pompoen. Ik ken alleen pompoentaart, *pumpkin pie*. En dat eten we op Thanksgiving

Day met de familie en daarna maken we ruzie. Dat hoort erbij.'

Cijfers

'Wat ruikt het alweer heerlijk hier.' Mevrouw G. kijkt met haar fonkelende bruine ogen achter haar ronde brilletje in de soeppan. 'Knoflook, pompoen, mmm, lekker!'

'Meneer L. denkt daar anders over,' zeg ik met een knipoog en net iets te hard.

'Dat hoorde ik. Maar zoals ik al zei, schaam ik me voor mijn land en juist daarom zal ik jouw pompoensoep proeven. Als daad van klein verzet.'

'Waarom schaamt u zich?' Mevrouw G. gaat aan het hoofd van de tafel zitten.

'Omdat ze altijd meer willen, ze staan boven de wet, alles moet altijd groter. En als je niet voor ze bent, dan ben je automatisch tegen ze en beschouwen ze je als de vijand.'

Mevrouw G. knippert met haar ogen als ze de cijfers hoort die onderdeel uitmaken van de voedingsbodem voor zijn gêne en zegt: 'Mijn arts wil ook meer. Er zit nu vijfentachtig procent van mijn zusje in mij. Dat is een score van een 8,5 voor een toets waar je maximaal een 10 voor kunt krijgen. Ik was heel erg blij, maar de arts vindt het onvoldoende, hij wil een perfecte score. Dan pas is de beenmergtransplantatie geslaagd.' Met haar wijsvinger duwt ze haar brilletje iets verder op haar neus.

'Soms is meer willen geoorloofd,' stemt meneer L. in. 'Soms is meer willen noodzaak.'

'Een stamceltransplantatie kost gemiddeld tussen de vijfendertig- en veertigduizend euro. Dat vind ik al duizelingwekkend veel. Dat verdienen die mannen in minder dan drie seconden.' Mevrouw G. pakt de rand van de tafel vast alsof ze bang is dat ze gaat vallen.

Kwetsbare willekeur

Mevrouw D. gooit de krant in de papierbak. 'Dat weten we dan ook weer. Wat een ravage is het daarbuiten en achter de schermen. Ik ben blij dat ik hier ben. Hier is het veilig.'

Ik loop naar haar toe met een kopje soep. 'Wilt u pompoensoep?'

'Heb ik een keuze?'

Verward trek ik het kopje weer weg om het vervolgens weer terug te schuiven. 'Ja,' zeg ik, 'u hebt altijd een keuze.' Ik kijk haar glimlachend aan – dwingen heeft geen zin, zo weet ik inmiddels, een beetje begrip des te meer.

'Dan zeg ik ja tegen de soep.'

'Ik ook,' steunt meneer L.

'En ik ook,' zegt mevrouw G. 'Alleen mag ik tot ik een tien heb niet hier aan tafel eten. Mijn weerstand is nog laag, zodat de cellen van mijn zusje alle ruimte krijgen om zich te nestelen in mij.'

Maar nu nog niet

Ik kijk naar meneer L. die zachtjes slurpt en naar mevrouw D. die mompelt tegen de lepel dat ze nog nooit van pompoensoep gehoord heeft, en denk aan het woord nestelen. Aan hoe de cellen in het lichaam van mevrouw G. als kleine pluizige beestjes behaaglijke, warme plekken in hun nieuwe huis zoeken en zich daar na een paar keer draaien en krabben zachtjes neervlijen, tevreden. Om voor altijd te blijven.

Ik breng de lunch naar haar kamer, mevrouw G. zit aan haar bureau/eettafel. Ze neemt een foto van het eten. 'Die stuur ik naar mijn zus. Dan eet ik toch een beetje samen.' Ik schiet vol. Omdat ze zo kwetsbaar is. Omdat alles zo klein en tegelijkertijd, in het moment van de dag, van het uur, zo overweldigend groot kan zijn. Omdat het allemaal zo willekeurig is. Omdat het geen pr-stunt is, in het leven geroepen door een vlijtig marketingbureau. Alleen weten we dat pas op het moment dat het zover is. Tot die tijd hoort ziek-zijn en doodgaan bij een ander. Zoals alles wat we (nog) niet zelf hebben ervaren; armoede, misbruik, verlies.

Onhandig rommel ik met het mondkapje en wens haar smakelijk eten. 'Dag mevrouw G., tot de volgende keer.' Op de wc droog ik mijn ogen en kijk mezelf aan.

'Het hoort ook bij jou,' zeg ik tegen mezelf. 'Maar nu nog niet. Er ligt nog heel veel moois in het verschiet.'

Iedere dag eitjesdag

Terwijl ik citroenschil en Parmezaanse kaas rasp voor de dressing van de *Waanzinnig lekkere botersla* van Jamie O., bladerdeegplakjes van elkaar lostrek zodat ze kunnen ontdooien om binnen enkele uren te transformeren tot kaasstengels, en ui en knoflook fruit voor de tomaten-venkelsoep, praat collega H. me bij over de bewoners. Wie op de kamer eet, wie nieuw is, wie vertrokken is.

Dan mag je zoveel als je wilt

'En op kamer 3 ligt mevrouw K. (60). Ze komt niet aan tafel. Ze is hier net een paar dagen. Misschien wil jij haar jouw lunch brengen?'

Ik zie een P. staan in het vakje bij haar kamernummer. 'Vindt ze dat niet vervelend, steeds nieuwe gezichten in zo korte tijd?'

'Mevrouw K. zal je verbazen. Meer zeg ik niet.' H. zet een vinkje achter haar naam.

'Mag ik weten wat ze heeft?'

Met lichte aarzeling, zorgvuldig als ze is, zegt ze: 'Longkanker, uitgezaaid, maar ze geniet nog heel erg van eten. Ga maar, straks, als het tijd is. Dat waardeert ze.' Collega H. is betrokken, iedereen hier is betrokken, maar H. is nog een klein beetje extra betrokken. En direct, dat is ze ook, op haar eigen mooie manier. 'Het is alleen geen eitjesdag.'

Zwijgend staar ik naar de pan waarin zeker twintig stuks knus liggen te borrelen en ik realiseer me dat ik haar eerder deze ochtend tegen mevrouw Y. (55) nog heel beslist hoorde zeggen dat ze geen eitje mocht vandaag, *want het was geen eitjesdag*.

'Behalve,' vult ze nu aan, 'behalve natuurlijk als je aan die kant ligt.' Ze knikt naar de P-zijde, de palliatieve zijde, de rechtergang wanneer je hier binnenkomt. 'Dan mag je zoveel eitjes als je wilt.'

Een stukje tijd

'Mevrouw K.?' Met mijn heup duw ik de deur van haar kamer open. De geur van jasmijn. 'Ik kom de lunch brengen.' Terwijl ik van het woongedeelte naar haar bed loop, kijk ik naar buiten. Haar ramen bieden uitzicht op een stad die nog altijd is gehuld in een slaperige januarinevel. In trage, dikke slierten beweegt de mist om dit gebouw, als een suikerspin waar alle kleur uit is weggetrokken. Een jonge stem zegt: 'Kom maar verder.'

De stem is van een betoverend mooie, frêle vrouw, met glanzend donker haar. Nieuwsgierige ogen. 'Heb jij dat gemaakt? Wat ziet het er feestelijk uit.'

Ongemakkelijk vertel ik wat er op het dienblad staat dat ik op haar verstelbare bedtafel neerzet. Ongemakkelijk omdat het volstrekt irrelevant voelt. De venkel, de tomaat, de kaasstengel, de sla en de vinaigrette. 'Met liefde gemaakt,' rommel ik er schuchter achteraan. Ik los nu ter plekke het liefst op in de mist. *Vergeef me mijn ongemak.*

'Blijf je even bij me? Het is zo ongezellig, alleen eten. Pak een stoel.' De deken zakt op haar schoot als ze zichzelf omhoogtrekt en rechtop gaat zitten. Slanke benen die zullen hebben gedanst en geflaneerd, tekenen zich duidelijk af onder de dunne stof.

Ik denk aan de lunchtafel en denk aan de tijd. De lunch begint om halfeen. Halfeen is halfeen, dat is belangrijk, houvast is belangrijk. Vijftien minuten op een mensenleven lijkt onbeduidend, in dit hospice is ieder snippertje van de tijd van levensbelang. Ik schuif de stoel naar haar bed. Dit stukje van de tijd is voor haar.

De dood strikken

'Dat was heerlijk, dank je.' Ze legt het bestek neer ten teken dat ze klaar is, dept haar lippen met het servet en pakt haar toilettasje, haalt er lippenstift en een spiegeltje uit. Zelfbewust kijkt ze me aan.

'Je vraagt je af waarom ik de moeite nog neem.'

Ik schrik op, was ik aan het staren? 'Wat bedoelt u?'

'Waarom ik me nog opmaak. Weet je waarom? Omdat het ieder moment kan gebeuren, die ene ontmoeting.'

'Bedoelt u met de dood?'

'Nou nee, ik bedoel met zomaar iemand. Je weet maar nooit, op straat, op het werk, hier in het hospice. Iedere dag kan het leven een onverwachte wending nemen. Al heb ik nog maar een klein stukje bestaan, ook deze dagen zijn kostbaar, júíst kostbaar.' Haar gelakte nagels, de rouge op haar wangen, haar chocoladebruine haar dat haar smalle gezicht omlijst. Het geeft haar iets kwetsbaars. Het is het zichtbare bewijs van die onmiskenbare eigenschap die ons tot mens maakt en waar we allen aan ten prooi vallen, soms al op veel te jonge leeftijd: tegen de klippen op vast willen houden aan dat wat onvermijdelijk ons allen te beurt zal vallen. We stellen het oneindig uit. We willen oud worden, maar de jeugd niet loslaten.

'Straks sta ik buiten de tijd.' Ze tuit haar lippen, stift ze, perst ze op elkaar om de kleur te verdelen. *Ze zal je verbazen. H. had gelijk.* Zonder gespeelde onverschilligheid of overdreven sentimenteel gemoed vervolgt ze: 'Dan laat ik dit allemaal los. Tot die tijd draag ik Chanel op mijn lippen.' *Tot die tijd is het iedere dag eitjesdag*. 'Rouge Coco. Misschien kan ik er de dood mee strikken.' En ze dept tot slot parfum van jasmijn achter haar oren en op haar polsen.

Prijskaartje

In de tussendagen, de dagen die liggen tussen mijn bezoek aan dit hospice, in de dagen dat mijn zorgen verdikken tot het moment daar is dat ik mijn eigen gedraai en gewroet in mijn gevoelens kan loslaten omdat de meditatieve omgeving en de zorg voor zij die gaan sterven de gedachten in mijn hoofd tot een halt roepen, in die kraakheldere, levensechte dagen is mevrouw S. (90) plotseling achteruitgegaan.

Waarde van het leven

Feitelijk is het niet mevrouw S. die achteruit is gegaan. Het zijn haar ogen, begrijp ik van een van de bewoners wanneer ik opmerk dat ik haar mis bij de lunch.

'De letters smelten samen,' zegt ze vertwijfeld als ik haar in haar kamer aan het einde van de Palliatieve gang opzoek. Ze pakt het kloeke boek van haar nachtkastje waar een ezelsoortje markeert waar ze is gebleven, slaat het open op haar schoot. 'Of ik het nu dichtbij houd of veraf… het is een soep van streepjes en rondjes. De dokter zegt dat een operatie geen zin heeft. Maar weet je,' ze leunt naar me toe, fluistert alsof ze een geheimpje wil vertellen, 'volgens mij vindt hij me te oud. Waarom zoveel moeite doen voor een oudje, zo is het toch? Ik las eens ergens dat economen hebben berekend dat de zorg per persoon maximaal tachtigduizend euro per extra levensjaar zou moeten uitgeven. Dus oudjes die veel medicijnen en een dure operatie nodig hebben, hebben een te hoog prijskaartje. Er moeten keuzes gemaakt worden, want de hoeveelheid geld is eindig en de hoeveelheid mensen niet, excuseer mijn cynisme. De waarde van een gemiddeld mensenleven, zo hebben ze berekend, is tussen de drie en zeven miljoen dollar – dat hangt af van of het werk dat ze doen gevaarlijk is, in welk land ze wonen, weet ik het wat.'

'Wat vindt u dat uw leven waard is?'

'Onbetaalbaar. Maar alleen voor mijzelf. Al mijn herinneringen, ervaringen, al mijn tranen, al mijn geluk. Maar ik weet heus wel dat alles wat in mij ligt opgeslagen van weinig waarde is voor anderen. Ik ben geen schatkist. Uiteindelijk word ik ook een statistisch gegeven. Dit alles, mijn verdriet om het verlies van mijn zicht en daarmee van mijn vrijheid, mijn autonomie... het is klein, marginaal en onbetekenend in het licht van alle levens hier op aarde.'

Een ander pad inslaan

'Zal ik u voorlezen?'

Mevrouw S. knikt.

'Ik ben zo terug.' Ik pak mijn tas uit het kantoortje en haal op de kamer van mevrouw S. het nieuwste boek van Chris de Stoop eruit, bekend van prachtige boeken zoals *Dit is mijn hof* en *Wanneer het water breekt*.

'Kent u hem?'

‘Nu wel,’ zegt ze en ze sluit haar ogen. Met haar schouders duwt ze het kussen steviger onder haar nek.

‘Begin maar.’

Ik werp een blik op de flaptekst van het boek *Hemelrijk*. Bezorgd kijk ik weer op.

‘Wilt u dat ik met dit boek begin, weet u dat zeker?’ vraag ik als ik de samenvatting met haar heb gedeeld.

‘Misschien komt het te dichtbij, misschien biedt het troost. Dat zullen we pas weten als we een eindje op weg zijn. Een ander boek openslaan kan altijd nog. Het boek waar ik net in ben begonnen krijgen we waarschijnlijk niet meer uit, dat heeft zevenhonderd bladzijden.’ Ze loert met één oog naar me, strijkt haar haar naar achteren, vouwt haar handen op haar borst. ‘Toe maar, ik ben er klaar voor.’ En ze sluit haar ene oog weer.

Tredmolen

Zachte slaapgeluiden. Heel even stokt haar adem. Een eindeloze seconde later neemt mevrouw S. met een ronkend geluid, vanuit het achterste van haar keel, een flinke hap lucht en laat die met een zucht weer los.

Ze bleef er toch zeker vier hoofdstukken bij.

Mijn gedachten glijden weg, naar die riskante tredmolen waar mijn hoofd in belandt wanneer ik me buiten deze verstilde wereld bevind.

Het was druk de laatste tijd, of beter gezegd: ik maakte me druk, ik voelde me niet zo goed, en als ik me zo voel, onmachtig ten opzichte van de vaart van het leven, de schoonheid zelfs, heb ik de neiging om mezelf te verstoppen, voor mijn ouders, zij die me na aan het hart liggen. Want ze zullen het aan me zien en horen en dan wordt ernaar gevraagd en als ik er woorden aan geef, bestaat het verdriet echt. En dat moet vermeden worden. Vrolijk moet ik zijn. De vrolijke dochter (en vrouw, vriendin, moeder) met wie alles prima, goed en uitstekend gaat. Alles op de rit. Vraag me niet waarom, maar op een bepaald moment in het leven heb ik mezelf dit opgelegd.

Ik kom eraan

'Ik was zeker even weg?'

'Hopelijk kwam het niet doordat het saai was?'

'Nee, nee, het is het tijdstip van de dag, zo na de lunch. Dan ga ik altijd even slapen. De slaap was in zijn voordeel, nu ik toch al lag. Ik was een makkelijke prooi.' Ik voel hoe ze mijn bewegingen volgt wanneer ik mijn tas pak.

'Kom je de volgende keer weer voorlezen?'

Ik geef haar een snelle aai over haar wang, niet te dierbaar, niet te close. Ik ben hier maar kort en een keer per week. Waar ben ik bang voor? Nabijheid en het onvermijdelijke verlies dat daarmee samenhangt?

Mijn oog valt op een zin voor ik het boek dichtsla: *Hou je moeder maar vast zolang het nog kan. Je hebt er maar één.* Mijn telefoon licht op. Er staat: *Gaat alles goed? Je bent zo stil de laatste tijd.* Ik heb er maar één. Daar kun je geen prijskaartje aan hangen. Ik heb er maar één die ik zo mag noemen, bij wie ik gewoon mezelf mag zijn, en ik schrijf: *Ik kom eraan. Ik kom eraan, mama.*

Slingers

Mevrouw D. (89), meneer L. (73), meneer D. (70) en mevrouw S. (90), het personeel – ze klappen en zingen uit volle borst terwijl mevrouw G. (59) 'Lang zal ze leven' speelt op de piano. Ze zingen voor mevrouw A. (76).

In rook op

'Wel de kaarsjes uitblazen, anders komt het kaarsvet op het gebakje,' spoort mevrouw D. haar aan. 'Toe dan.'

Mevrouw A. blijft onbewogen zitten.

'Dan doe ik het.' Mevrouw D. buigt voor haar langs, ademt diep in. Weg zijn de vlammetjes. Mevrouw D. zucht en kijkt tevreden naar de rook die naar boven kringelt. We kijken haar verbluft aan, behalve mevrouw A., zij kijkt nog steeds voor zich uit.

'Nou, dat feestje is ook weer voorbij. Ik ga even liggen.' Meneer L. rolt de kamer uit. Mevrouw S. en meneer D. kijken beteuterd naar het gebakje. Op het minivlaggenlijntje, bijeengehouden door twee tandenstokers, staat HAPPY BIRTHDAY. Ik zie hoe mevrouw S. met haar ogen knijpt om de letters te kunnen lezen.

'Er is toch een beetje kaarsvet op gekomen,' constateert mevrouw D. 'Zonde.' Ze legt haar hand op mijn arm. 'Loopt u even mee, zuster, ik moet naar de wc, ziet u.' Ze giechelt, een beetje beschaamd. 'Dat lukt niet zo goed alleen.'

Serpentines en een guirlande

Terug in de woonkamer zie ik hoe mevrouw A. (76) nog steeds met ongeloof in haar ogen naar het taartje voor haar op tafel staart.

'Waarom eet u het taartje niet op?' vraag ik.

'Ik heb nog nooit een taartje voor mijn verjaardag gekregen. Ik durf er niet van te eten, ik ben bang dat het niet klopt, dat het een vergissing is.' Ze frommelt aan een tissue op haar schoot.

'Het taartje is echt voor u, mevrouw A. U bent jarig, u bent zesenzeventig geworden. We hebben zojuist voor u gezongen.'

'Ik durf het niet. Het brengt ongeluk. Mijn ouders zeiden vroeger dat het zondig is, om iets voor jezelf te vieren. Dan verhef je jezelf boven een ander.' Ze kucht verlegen. 'Ik kreeg geen cadeautjes, er hingen geen slingers. Als ik van school naar huis liep hoopte ik er tegen beter weten wel op, alle klassen lang tot ik zestien werd. Maar als ik eenmaal door het raam naar binnen keek, liet ik alle verwachtingen weer los. Het zou weer een dag zijn als alle andere. Na mijn zestiende geboortedag besloot ik mezelf de teleurstellingen te besparen. Ik wílde het niet eens meer vieren.'

'En uw eigen gezin? Wilde u dat patroon niet doorbreken?'

'Mijn man komt uit eenzelfde soort gezin. We weten niet beter. Onze kinderen stopten op een gegeven moment net als ik met vragen en richtten zich op hun vrienden. Onze kleinkinderen worden overladen met cadeautjes als ze jarig zijn. Maar we zijn nooit op verjaardagsbezoek gegaan. Ze komen ook niet bij ons.' Met een trillende hand pakt ze een voor een de kaarsjes uit het taartje en legt ze heel precies recht naast elkaar op een servetje.

Ik loop naar een kastje waar allerlei feestspullen worden bewaard – kaarsjes, slingers, ballonnen – en pak er een rolletje serpentine en een guirlande uit.

'Kom, we gaan naar uw kamer.'

Zelf slingers ophangen

De ramen van de kamers die uitzicht bieden op de gemeenschappelijke gang zijn half bekleed met folie voor een beetje privacy, maar ik kan het niet laten om op mijn tenen langs het raam van mevrouw A. te lopen. Als een jong meisje zit ze op de rand van haar bed te wiebelen met haar benen. Ik zie hoe ze naar de deur kijkt die ik achter mij dicht heb getrokken, ik volg haar blik naar het taartje op haar bureau. Dan kijkt ze achter zich naar het balkon en omhoog. De fleurige guirlandes doorkruisen haar kamer vanuit alle vier de hoeken. Haar ogen zijn vochtig, haar mondhoeken trekken omhoog, op die bepaalde manier wanneer je door verdriet wordt overmand.

Ben ik te ver gegaan? Had ik haar kamer niet moeten versieren?

Ik loop terug naar haar deur. 'Mevrouw A.?' Ik hoor het knisperen van een pakje zakdoekjes.

'Ja?' Ze snuit haar neus.

'Mag ik nog even binnenkomen?'

'Natuurlijk, kind.'

'Heb ik u verdrietig gemaakt?'

Ze schudt haar keurig gekapte, duifgrijze krullen die ze achter haar oren heeft vastgezet met schuifspeldjes.

'Ik maak mezelf verdrietig. Ik had moeten luisteren naar mezelf en slingers moeten ophangen voor mijn kinderen en kleinkinderen.'

'Maar dat kan toch nog steeds?'

'Dat verwachten ze niet.' Ze wuift mijn woorden weg. 'Dat zullen ze vreemd vinden.'

'Ik help u. Er liggen nog genoeg spullen in de kast. We schrijven kaartjes en doen daar een slinger en een ballon bij. En dat doet u vanaf nu iedere dag, voor iedere verjaardag die u hebt gemist.' Ze snuit nog een keer haar neus, vouwt het zakdoekje op en stopt het in het afvalzakje dat aan haar bed is geknoopt. 'Doe het voor uzelf. Voor uw kinderen en kleinkinderen.'

'Ik heb geen wenskaarten,' sputtert ze. Haar gezicht klaart een beetje op.

'Als u zegt wat u mooi vindt, haal ik ze voor u.'

'Iets met bloemen,' fluistert ze alsof het een geheimpje is.

Ik sluit de deur weer achter me en stap in de lift naar beneden.

Terwijl ik aan de molen met kaarten draai bij een kiosk, vraag ik mezelf af: als het zelfs in het hospice nooit te laat is om te veranderen en voor het feest te kiezen, wat houdt ons hierbuiten dan tegen?

Het gewicht van tranen

Kun je tranen meten? Zijn sommige tranen zwaarder, voller dan andere? Tranen vanwege een verliefdheid die voorbij is vallen anders dan die vanwege het verdriet omdat je wordt gepest, wordt buitengesloten. Chronische tranen hebben een andere oorsprong dan bruidstranen. Tranen vanwege een geschaafde knie voelen anders dan tranen omdat een dierbare binnenkort zal sterven. De tranen vanwege het verlies van een baan rollen anders over onze wangen dan de tranen vanwege het verlies van een huisdier.

Bloemen, blaadjes en pantoffels

Ze zitten aan tafel als ik om tien uur vrijdagochtend binnenkom. Ik ken ze nog niet. Een man van middelbare leeftijd met zijn jas aan, een oudere dame in nachtjapon, zacht wit haar valt in krulletjes in haar nek. Terwijl ik de venkel, tomaat en knoflook snijd voor de lunch, hoor ik hem in onversneden Amsterdams accent praten.

'Ik heb in ieder geval bloemen voor u op de kamer gezet.'

'Maar er stonden al bloemen,' fluistert de dame.

De man zucht. Een machteloze zucht. Hij probeert zijn trillende handen te verbergen door ze op elkaar te leggen op tafel, maar het helpt niet.

'Dat zijn bloemen van hier, moeder. Ik heb nog extra bloemen voor u meegenomen, ik wist niet dat er al bloemen zouden zijn.' Hij veegt iets weg van zijn wang, vouwt zijn handen om zijn koffiekopje. 'Ik heb ook iets te lezen voor u meegenomen. Een blaadje dat u graag leest. Het ligt naast uw bed.'

'En de pantoffels?'

'De pantoffels ook, moeder, de pantoffels ook. U hebt ze aan.'

Schaduwtranen

'Hoort die tuin ook bij dit hospice?' vraagt hij nadat zijn moeder door iemand van de verpleging is opgehaald om de intake af te ronden. Het is half februari, lief licht komt door de ramen. Hij heeft er een opengedaan en staart naar beneden. 'Het lijkt me lekker om daar te zitten, als het wat warmer is.'

Ik kom bij hem staan. 'Alle kamers hebben in ieder geval een groot balkon,' zeg ik. Ik weet niet of de tuin bij het hospice hoort. 'Aan deze zijde van het gebouw zit je heerlijk in de zon. De tuin beneden ligt in de schaduw.'

'Mm, ja. Ze houdt van schaduw.' Zijn ademhaling is onregelmatig.

'Vroeger had ze gitzwart haar, me moeder.' Hij knikt in de richting van waar ze zojuist aan tafel zat. Zijn stem breekt bij 'me moeder', maar hij houdt zijn kin in de lucht. *Ik laat me niet kennen*, zegt hij zonder woorden. *Ik laat me niet kennen.* 'Ze is voor de zevende keer gevallen, ik woon aan de andere kant van haar straat, een eindje verderop. Ik heb camera's geïnstalleerd, voor als ik aan het werk ben. Op de grond, aan het plafond. Alle hoeken. Alle kamers. Ook de wc, slaapkamer. Ze is toch alleen, daar gebeurt niks.' Hij draait naar me toe. De gebogen man aan tafel blijkt groot en breed, zijn blik is wazig. 'De vorige keer lag ze met haar hoofd in een plas bloed. Dit is de laatste keer dacht ik... toen heb ik ze opgehangen. Dus ik keek vanmorgen, maar ik zag niets. Ze zijn kapot, dacht ik. Ik draaide mijn telefoon, dat kan hè, dan krijg je breed beeld, en toen zag ik haar liggen. Er was een pantoffel voor de camera die ik onder de tv had gezet gekomen, daardoor zag ik eerst niks.' Hij haalt zijn neus op. 'Die pantoffels.'

De tranen zijn sterker dan zijn trots.

'Maar die tuin is fraai, hoor, die vindt ze wel mooi. In de schaduw. Nou, dan gaan ik maar. Bedankt hè, ruikt trouwens lekker.'

'Wilt u straks ook iets eten?'

'Bewaar maar voor me moeder. Ik moet werken.' Met de mouw van zijn werkjas wrijft hij nog een snik weg bij zijn neus. 'Ik kom vanavond weer.' Grote, snelle passen naar de deur.

Signaal van tranen

Er bestaan lichte tranen, die die zeldzaam gelijkmatige toestand symboliseren van intens geluk en de wetenschap dat dit geluk enkel nu zal bestaan. Een moment zo kostbaar, zo broos, dat als je het wilt vangen, het al verdwenen is. Er zijn vertraagde tranen, geremde tranen, tranen van schaamte, woedende tranen, anticiperende tranen bij dreigend verlies. Eén ding hebben alle tranen, zelfs vreugdetranen, gemeen: ze vragen om troost op de meest pure, eerlijke manier.

Ze zeggen: ik ben overweldigd, verpletterd door wat ik voel.
Ze zeggen: hou me vast. Ik weet het even niet meer.

Nog één nachtje slapen

Er zijn dagen die te snel gaan, er zijn dagen die eindeloos lijken te duren. Vooral als je klein bent en je verjaardag ligt in het verschiet. Nog 3 nachtjes slapen, denk je, nog twee, en met confetti in je buik denk je die laatste avond: nog één nachtje slapen. Die laatste momenten dat je vol verwachting alleen in het donker ligt, duren een eeuwigheid. *Nog één nachtje slapen.* En dan, voor je het weet, is die dag weer voorbij en kijk je uit naar het volgende feest. Over een paar dagen zal een dierbare vriendin worden geëuthanaseerd. *Nog één nachtje slapen.* Met welke verwachtingen ga je dan de nacht in? Duren de uren langer als je weet dat het de laatste zijn?

Nog vier nachtjes slapen

'Ben je bang?' vraag ik.

'Nee, niet bang. Ik ben moe, voel me versleten, op.'

Maar je bent nog niet op, wil ik door de telefoon heen roepen, *ik heb je een paar weken geleden nog gezien, we dronken wijn en aten vis. Je lachte, je was verre van versleten.*

'De artsen zeggen dat het alleen maar slechter zal worden.'

De lijn lijkt onstabiel, kraakt. Ik loop buiten, de wind blaast mijn tranen uit mijn ogen.

'Kun je me verstaan?' vraag ik.

'Ja, ik hoor je.'

'Ik wil je zo graag nog even zien.' Ik probeer mijn voeten recht op de tegels te zetten, recht op de lijntjes, een vaste route geeft een gevoel van grip.

'Nee, nee, dat gaat niet. Ik kan niemand meer zien.' Verdriet golft door haar stem. 'Als er iets onverwachts gebeurt, iets onverklaarbaars, dan ben ik het, oké? Ik zal nog een keer gedag komen zeggen.' Ik sta stil, midden op de stoep, midden in de stad, midden in het leven, en ze hangt op.

Nog drie nachtjes slapen

Hoe ga je slapen als er nog maar drie nachtjes zijn? Mijn gedachten zijn voortdurend bij haar, bij alle dagelijkse routines die ik doe. Ruimt ze op? Doet ze nog de was? Word je pragmatisch? Toen ik op het punt van bevallen stond, deed ik gauw nog even de was in de droger, haalde een doekje over het aanrecht, maakte een boodschappenbriefje. Zeker weten dat alles op orde is, zodat je je met vertrouwen kunt overgeven aan dat wat komen gaat. Maak je de balans op? Schrijft ze brieven? Kijkt ze nog tv? Onvermijdelijk verschuiven de vragen naar mezelf. Zou ik nog naar de bioscoop gaan? Zou ik de allerduurste wijn willen drinken? Alleen nog maar sushi willen eten of juist een geroosterde bruine boterham met roomboter en kaas, een wit bolletje met pure chocoladehagelslag?

Nog twee nachtjes slapen

Ik geef door aan collega H. wat ik morgen ga maken en welke ingrediënten ik nodig heb. Zijn er momenten dat ze twijfelt? *Nee, toch niet. Nog even wachten. Nog even, nog een weekje, nog één volle week, de maandag naar zondagavond beleven.* De verschillende kleuren die bij de verschillende dagen horen. Maandag is lichtblauw – de week is nieuw, alles is weer mogelijk, dinsdag is karamel, woensdag is romig wit – nog alle tijd, donderdag is groen, vrijdag is goudgeel – feestelijk, zaterdag is rozerood en zondag heeft een grijze ondertoon, dat heeft die dag sinds mijn broer en zus gingen studeren en zondagavond met de trein naar hun studentenhuis vertrokken. Ik bleef als jongste achter in een stil huis. Zondag voelt als een vertrekdag, staalgrijs als de wielen van de trein die wegrijdt. Zou ze het vertrek willen uitstellen?

Nog één nachtje

Voordat de lunch in het hospice aanvangt, loop ik naar de kamer van mevrouw A. (76). De deur staat open, de guirlandes van een paar weken geleden hangen er nog. Vrolijke geluiden lonken me. Ze heeft bezoek, ze eten taart, er ligt cadeaupapier op de grond. Ik zwaai, mevrouw A. beantwoordt me met een glimlach, alsof ze wil zeggen: 'Het werkt, de kleuren en de bloemen op de kaartjes die ik de afgelopen tijd naar mijn kinderen, kleinkinderen heb verstuurd. Ze zijn aangekomen en nu zijn ze hier.' Ze viert zesenzeventig verjaardagen op één dag. Blosjes op haar wangen. Ze zal gisteren zijn gaan slapen en hebben gedacht: Nog één nachtje slapen.

Vanavond in bed, in het donker, voordat ik wegzak in een diepe slaap, denk ik aan je, lieve vriendin. *Nog één nachtje slapen.*

Kapitein Sok

Terwijl buiten de wereld in brand staat, grenzen bruut worden overschreden en mensen en dieren moeten schuilen voor het machtsvertoon van één persoon, ligt in het hospice mevrouw J. (79) te slapen met een zeer tevreden kat op haar bed.

Extra bewoner

Aan de lunchtafel wordt opgewonden gefluisterd. In deze microkosmos blijft weinig ongezien.

'Ze heeft een huisdier,' hoor ik meneer L. (73) tegen mevrouw D. (89) zeggen.

'Wie? Waar?' vraagt ze verbaasd en ze legt haar bestek overdwars op haar bord ten teken dat ze uitgegeten is. 'Wie heeft waar een huisdier?'

'Mevrouw J. Op haar kamer. Ze heeft een kat. Ik heb het zelf gezien.'

Ik spits mijn oren.

'Ben zo terug,' roep ik en ik ga naar de kamer van mevrouw J., de mevrouw die door haar zoon is gebracht nadat ze voor de zevende keer was gevallen. Ik wist dat ze niet naar de woonkamer zou komen, collega H. vertelde me aan het begin van de ochtend dat haar laatste val thuis vanbinnen meer kapot heeft gemaakt dan de bult op haar voorhoofd doet vermoeden.

'Mevrouw J.?' Ik klop op haar deur, stap naar binnen in de half verduisterde kamer. Door het woongedeelte loop ik naar haar bed. Ik zie voederbakjes op de grond, een kattenbak in het keukentje.

'Wie is daar?'

'Janneke,' antwoord ik, 'van de lunch.'

'Ik heb het al op, hoor. Kom maar, me zoon is er ook.'

'En nog iemand, zie ik.' Op haar bed ligt een kleine, zwarte kat, opgekruld tegen de benen van mevrouw J. Zijn voetjes zijn tot zijn enkels wit, alsof hij sokjes draagt.

Geluksgevoel

'Ik ben zo blij dat hij hier mag zijn. Hij is al zeventien, behoorlijk op leeftijd.' Mevrouw J. glimlacht, maar houdt haar ogen gesloten. Haar zoon komt uit de badkamer met roze plastic huishoudhandschoenen aan. 'Ha,' groet hij en hij schudt wat druppels van zijn handen. 'Dat is Kapitein Sok. Je snapt wel waarom-ie zo heet, hè? Onze kapitein. Hij houdt het roer een beetje recht voor me moeder.'

Een voor een trekt hij de handschoenen uit. Grote handen aaien het kleine beestje dat zich behaaglijk uitstrekt, zijn plekje opnieuw kneedt met zijn pootjes en zijn lijfje weer schikt in de plooien van de deken.

De zoon vervolgt: 'Ik zag laatst op televisie zo'n documentaire, over een mevrouw in een verzorgingstehuis die haar paard Winnetoe drie keer per dag mag bezoeken. Ze wilde voor geen goud uit haar huis, weg bij haar Winnetoe, dus toen hebben ze deze oplossing gevonden. Die mevrouw is aan het dementeren, ze pakt iedere avond haar spullen in omdat ze denkt dat ze in een hotel is. De verzorgers leiden haar af met foto's van Winnetoe en de belofte dat ze morgen weer naar het paard gaan, dan gaat ze slapen en de volgende dag gaat het precies zo. Dus ik vertelde dat hier en vroeg of me moeder misschien Kapitein bij zich mocht hebben en ze zeiden dat als het dier rustig, schoon en sociaal is en we zelf zorgen voor het eten en zo en niemand allergisch is, de Kapitein hier mag zijn.' Hij krabt de kat zachtjes onder zijn kin. 'Ik had 'm in huis genomen, maar hij bleef mauwen en krabben aan de bank. Nu is hij tevreden. Bij me moeder.' Vertederd kijkt hij naar de kat en vervolgens naar zijn moeder die in slaap is gevallen. 'Ik heb het uitgezocht. In Amerika hebben ze onderzoek gedaan. Mensen met een huisdier hebben minder stress en meer geluksgevoelens dan mensen zonder een huisdier. En ze zijn gewoon minder eenzaam.'

Huis, haard & huisdieren

Thuis knuffel ik mijn katten, Jimmy en June, en ik krijg tranen in mijn ogen als ik eraan denk dat ik ooit afscheid van ze zal moeten nemen. Als ik het journaal die avond kijk, breekt mijn hart weer een beetje, maar heelt het ook... Niet alleen mensen wordt onbegrijpelijk veel leed aangedaan, ook dieren zijn het slachtoffer van de tragedie die zich in Oekraïne afspeelt. Mensen moeten halsoverkop hun huis verlaten en sommigen vergeten in de haast hun huisdieren mee te nemen. Maar schaduw bestaat niet zonder licht en zelfs op de donkerste plekken zijn er mensen met een hart die te midden van duisternis kaarsjes branden, want wat blijkt: Oekraïense soldaten aan het front vangen achtergelaten honden op en voeden ze met hun schaarse eten. De honden, zo blijkt uit het nieuwsitem, zorgen anderzijds dat de moraal van de soldaten in de loopgraven intact blijft, daar aan de rafelranden van de wereld. Net als Kapitein Sok en mevrouw J. vinden ze warmte en troost bij elkaar, houden ze het roer een beetje recht voor elkaar. Tot ze weer naar huis mogen of naar een andere plek waar ze rust zullen vinden.

Superhelden

Soms gaat iets kapot. Sommigen zien alleen de scherven, anderen zien een nieuw begin. Sommigen schitteren in de schaduw, anderen somberen in de zon. Sommigen lijken meer uren in een dag te hebben en meer vaste grond onder hun voeten. De een blaast bellen, de ander prikt ze door.

Aankomst

Het is een wolkeloze, krakend verse maartse vrijdag. Een verraderlijk mooie zon, maar eenmaal buiten is het bitterkoud. Als ik binnenkom in het hospice zeg ik even gedag bij mevrouw J. (79) en Kapitein Sok. Onderweg naar haar kamer zie ik – hoera! – nog steeds de slingers hangen bij mevrouw A. (76), al zie ik haar zelf niet.

We praten over koetjes en kalfjes, mevrouw J. knijpt haar handen dicht en vraagt wat ik ga maken. De tijd tussen deze muren wordt gemeten van ontbijt naar lunch naar avondeten en als men geen voedsel meer kan verdragen, van medicijn naar bezoek naar het ondergaan van de zon en bij het opkomen begint het afpellen van de dag weer van voren af aan.

‘Supersoep,’ antwoord ik. ‘Ik maak soep met superveel groenten: pompoen, spinazie, broccoli, munt, knoflook. Gevulde eitjes en sla.’

‘Superheldensoep,’ constateert mevrouw J., terwijl ze de Kapitein achter zijn oren kriebelt. ‘Wil je dat blaadje daar even pakken?’ Ze knikt naar het bijzettafeltje in het woongedeelte van haar kamer. ‘Me zoon heeft dat voor me uitgeprint. Gaat ook een beetje over superhelden.’

Ik pak het papier en begin te lezen:

Er moeten mensen zijn
die zonnen aansteken,
voordat de wereld verregent.

Mensen die zomervliegers oplaten
als het ijzig wintert,
en die confetti strooien
tussen de sneeuwvlokken.

Die mensen moeten er zijn.

(...)

‘Wat een prachtig gedicht,’ zeg ik, als ik het hardop heb voorgelezen.

Ze knikt instemmend. ‘Het helpt me als het een beetje donker wordt in me hoofd. Sommige mensen kunnen er niets aan doen, hoor, dat weet ik. Dat heb ik van dichtbij gezien. Van me man. Vrienden. Spookachtige sneuneusjes werden ze van de pillen tegen de stemmen en de tranen in hun hoofd, maar ze wilden in ieder geval niet meer dood. Mijn wolken zijn minder donker dan die van hen. Ik heb genoeg aan deze woorden om me een beetje beter te voelen. Daar ken geen pilletje tegenop.'

Vertrek

In de woonkamer hangt de lente boven de eettafel in de vorm van paars en geel crêpepapier gewikkeld om een lange tak waar kleine vogelhuisjes en vrolijke kuikentjes aan schommelen. Mevrouw G. (59) speelt piano, meneer D. (70) verwarmt zichzelf in de zon, mevrouw D. (89) slaat met een zucht de krant dicht en kijkt ontredderd om zich heen.

'Ze komen eraan,' zegt ze tegen niemand in het bijzonder.

Meneer D. draait zijn gezicht naar haar toe. 'Wie komen eraan?'

'De Russen. Lees je de krant niet?' Ze draait met haar ogen.

'Maar u hoeft niet bang te zijn,' sust meneer D., 'om de deur te openen heb je een pasje nodig, dus hier komen ze niet binnen.' Hij sluit zijn ogen weer, mompelt 'de Russen, hoe bestaat het' en dommelt gerustgesteld door zijn eigen inzicht verder in de warmte. Mevrouw D. plukt aan een velletje bij haar nagelriem, murmelt: 'Een pasje, een pasje, dat is goed, dan kunnen ze niet naar binnen.'

Ik kijk naar ze, probeer door hun ogen naar de wereld te kijken, naar het verleden, het heden, de kleine toekomst die voor ze in het verschiet ligt, en ik denk aan de laatste strofen van het gedicht van Toon Hermans dat ik zojuist las in de kamer van mevrouw J.:

(...)

Weet je,
er moeten mensen zijn,
die bellen blazen
en weten van geen tijd
die zich kinderlijk verbazen
over iets wat barst
van mooiigheid.

Ze roepen van de daken
dat er liefde is
en wonder
als al die anderen schreeuwen:
alles heeft geen zin
dan blijven zij roepen:
neen, de wereld gaat niet onder
en zij zien in ieder einde
weer een nieuw begin

Zij zijn een beetje clown,
eerst het hart
en dan het verstand
en ze schrijven met hun paraplu
i love you in het zand
omdat ze zo gigantisch
in het leven opgaan
en vallen
en vallen
en vallen
en opstaan.

Bij dát soort mensen wil ik horen
die op het tuinfeest in de regen blijven dansen
ook als de muzikanten al naar huis zijn gegaan.

(...)

De een verbrandt zijn schepen, de ander dobbert door. De een rent door de wereld, de ander struikelt over de tegels. Sommigen hebben altijd wind mee, voor anderen staat de wind iedere dag verkeerd. Dat is niets nieuws, dat is geen hemels inzicht. Wat ik maar wil zeggen: aan het einde van de rit verdient iedereen een medaille. Want het is niet niks, het leven overleven. Uiteindelijk zijn we allemaal superhelden.

Blijven trappen

Onvermoeibaar trappen de blote beentjes met klotsende knietjes tegen de bal, tegen de muur van de buurvrouw. De straat is leeg op enkele geparkeerde auto's na. Trap, tegen de muur. Trap, de portiek in. Stuiterend naar beneden. De bal op de voet. De bal op zijn borst. Van bovenaf, driehoog in de erker, zie ik hoe zijn buurvrouw uit haar voordeur stapt met een glimlach. Terwijl ze haar handschoenen aantrekt, zegt ze iets tegen de jongen. Hij houdt de bal stevig onder zijn armen geklemd. Haar glimlach verflauwt, terwijl de jongen kleiner wordt in het welwillende lentelicht. Ze vouwt haar in leer gehulde handen in elkaar, knikt nog even richting de ramen van haar woning, draait zich om naar haar fiets. De jongen kijkt haar na. Ik ook. Zodra ze uit het zicht is, trapt hij de bal weer tegen de muur. Een snelle blik naar de bocht, voor de zekerheid. Opluchting bij ons beiden. De buurvrouw is uit het zicht. Hij trapt weer door. Ik pak mijn tas en ga naar het hospice.

Witsatijnen lint

Ik hang mijn jas op bij het kantoortje waar de zorg koffiedrinkt en overleg pleegt. Ik zeg gedag, pak een mondkapje en de bewonerslijst en ga naar de keuken, maar nog voordat ik de namen heb kunnen bekijken, zie ik het witsatijnen lint aan de deurklink van de kamer van mevrouw A. (76). Een rilling trekt langs mijn rug. Ik raak het aan, hang het net iets rechter. Een wit lint betekent dat iemand is overleden. Ik miste haar vorige week al, maar verbond er geen conclusies aan. In de keuken vertelt collega H. dat mevrouw A. op dat moment op eigen verzoek voor een van de laatste keren naar buiten was met een andere vrijwilliger 'om de lucht te voelen', zoals ze zelf had gezegd.

'Het is goed zo,' stelt collega H. me gerust. 'Je hebt zelf gezien hoe ze op het laatst nog met haar familie in het reine is gekomen, ze heeft haar leven bewust af kunnen sluiten. Ze was benauwd de laatste tijd, angstig, bang voor de overgang, ze verzette zich. Je kon haar worsteling de laatste uren zien.' Ik slik. Niet kunnen ademen is een van mijn grootste angsten. Dat de lucht, zuurstof, dat wat het meest vanzelfsprekend is, je wordt ontnomen. 'In de la ligt een envelop voor je, ze heeft voor iedereen een persoonlijk briefje achtergelaten.'

Geuren en kleuren

Na de lunch pak ik de envelop en loop ermee naar de kamer van mevrouw A., duw voorzichtig haar deur open en fluister tegen beter weten in: 'Mevrouw A., ik ben het. Janneke, van de lunch.' Natuurlijk blijft het stil. Ik ruik haar eau de cologne 4711. Nog steeds, maar nu echt niet meer voor lang, doorkruisen de slingers haar kamer. Op haar bed lees ik de wenskaart, een van de vele die ik zelf nog voor haar heb gekocht hierbeneden in het winkelcentrum.

(...) Dank voor jouw vrolijkheid en voor de heerlijke smaken. Als je je droevig voelt, denk dan aan mij. Hoe je altijd nog het tij kunt keren, dat het kan, dat je moet blijven proberen. Pas als je niet meer opstaat, is de gelegenheid voorbij. Je hebt het me zelf gezegd. (...)

Blijven trappen

Weer op mijn fiets denk ik aan lijstjes, aan werk dat moet gebeuren, aan was en water en hoe droog het deze zomer misschien zal worden. Aan vriendschappen, aan liefde die mag worden onderhouden, aan wat ons in leven houdt, familie, broer en zus. Aan de nevelige stem van mevrouw K. (60) door het vele roken. De levervlekken op de handen van meneer L. (73).

Aan de vanzelfsprekendheid van het meest noodzakelijke.

Aan de levens die achter het glas verblijven, de dagen en hoe ze zich aaneenrijgen. Aan hoe ons wordt geleerd dat je vooral jezelf moet worden en blijven. Maar niet hoe je dat doet wanneer de wereld over je heen valt.

Ik denk op de maat van het trappen van de jongen tegen de bal, tegen de muur, en ik hoop dat hij zo lang mogelijk blijft trappen. Trappen tegen de bal, voor zichzelf, voor mevrouw A., mevrouw K., meneer L., mevrouw D., meneer D., mevrouw G., mevrouw J. Voor het hele alfabet, voor ons allemaal.

Tandeloze tijd

Terwijl ik de ingrediënten voor de kokos-kippensoep met kokosgehaktballetjes en omeletreepjes uitstal, flaneert mevrouw D. (89) de woonkamer binnen en buigt over het muurtje dat het kookblad en mij van haar scheidt.

'Het mag af, hoor,' zegt ze en ze plukt met haar hand aan mijn mondkapje. Van schrik doe ik een stap naar achteren.

'Wat bedoelt u?'

'Sinds 21 maart hoeft het niet meer, zo is besloten van hogerhand.' Ze werpt een blik naar het plafond. 'Eindelijk,' verzucht ze. 'Eindelijk kan ik jullie koppies weer zien en jullie verstaan. Dus doe maar af,' zegt ze gebiedend en ik zie haar voor me als de directrice zoals ze vroeger zal zijn geweest van dit hospice en het vier verdiepingen tellende verpleeghuis hieronder. Quasistreng, doch rechtvaardig. Met een knipoog. Parels in de oren, roodgelakte nagels – zoals ze nu nog steeds heeft. De oorbellen hangen nu, ruim twintig jaar later, wat lager en de lak is wat minder strak. Het maakt niet uit. Iedereen hier is dol op haar. Haar directieve gedrag is haar vergeven. En zelf is ze het ook alweer vergeten. Ze schuifelt naar het raam dat openstaat en nestelt zich in de zon die vandaag weer uitbundig schijnt.

Fundament

'Zeg, heb jij je eigen tandjes nog?' vraagt mevrouw D. na de lunch vrij plotseling, maar met oprechte interesse aan mevrouw Y. (55).

'Zeker,' antwoordt ze alsof het de normaalste vraag van de wereld is. 'Ik heb ze nog allemaal.'

'Zozo, toe maar. Alle tanden.' Mevrouw D. knikt goedkeurend, vervolgt glunderend: 'Ik heb nog twee tandjes.'

Gesprekken gaan over niks, maar voor de goede verstaander over alles.

'Beter dan niks toch?' Mevrouw Y. veegt wat kruimels op de grond. Ze heeft smetvrees maar die vrees beperkt zich tot de gebieden die binnen haar gezichtsveld liggen. Onder haar stoel is het een slagveld van stukjes ei, broodkorsten en papieren servetten.

'De tandarts zegt,' mevrouw D. verlaagt haar stem, 'zo lang mogelijk houden hoor, die tandjes, die zorgen voor versteviging. Dan zakt de kin niet in.' Ze trekt aan de huid bij haar nek. Niet te hard, denk ik. Niet te hard aan trekken. Haar huid oogt kwetsbaar. Maar ze blijft eraan sjorren alsof ze wil bewijzen dat de twee tandjes hun werk goed doen.

Adem in, adem uit

Collega H. lacht terwijl ik buk en de resten bij elkaar veeg onder de stoel van mevrouw Y. als de bewoners naar hun kamer zijn. 'Lach maar ja,' roep ik over mijn schouder in haar richting, ook lachend. 'Lach maar.' En ik weet niet welk gevoel me nu precies overvalt, maar ik voel me bevrijd. Vrij van zorgen, vrij van verleden, vrij van toekomst, vrij van het nieuws, van onrecht, vrij van iets willen en iets moeten. Ik ben hier, nu. Ik veeg ei en kruimels van een blik in de prullenbak en het is goed. Maar zodra ik dit denk, is het alweer weg. Of komt dat door wat H. me vertelt?

'Weet je het van mevrouw D.?' Ik schud mijn hoofd, veeg het blik af met een tissue. Naïef, ik weet het. Ik ben hier niet in een luxeresort waar de mensen even naartoe gaan om hun vrije tijd op te maken.

'Ze wil niet meer. Ze huilt de hele dag op haar kamer.'

Ik zeg nog steeds niks, kijk haar vragend aan.

'Toen ik gisteren op haar kamer kwam, zag ik hoe ze haar adem in probeerde te houden. In de hoop dat ze zou stikken, zei ze zelf.'

Verschrikt doe ik voor de tweede keer vandaag een stap naar achteren. 'Maar aan tafel...' sputter ik. 'Ze heeft praatjes voor tien. Ze leest nog altijd de krant, ze wilde een tweede kop soep vandaag. Dat klinkt niet als iemand die niet meer wil, toch?' Ik hoor mezelf bijna smeken.

'Ze vroeg, nadat ik haar had uitgelegd waarom adem inhouden niet zoveel zin heeft, hoe ze dan wel zelf dood kon gaan.' H. pakt de keukenreiniger, sprayt een paar keer op een doekje en veegt de tafel schoon. 'Ze heeft een zoon die heel lief voor haar is, maar hij geeft ook toe dat het goed is. Dat haar leven voltooid is. Ze ervaart dat zelf heel bewust. Nu nog wel. Het probleem is dat ze niet zomaar een euthanasieverklaring krijgt, omdat ze niet fysiek ziek is. Ze is slechts op.' Bij het woordje 'slechts' maakt H. het gebaar van twee aanhalingstekens. 'Haar dementie zal verergeren, maar niemand weet waar het kantelpunt ligt.'

'En als ze nou stopt met eten en drinken?'

'Dat is een serieuze optie, maar daar moet ze met de artsen over praten.'

'Even voor de goede orde,' zeg ik, ineens alert en bevreesd dat ik straks ter verantwoording zal worden geroepen, 'ik bedoelde meer dat dat kán: bewust afzien van eten en drinken om de dood te bespoedigen. Niet dat ik haar geen eten meer zal geven.' Ik pak mijn telefoon. 'Hier staat het: "Voor de wet is stoppen met eten en drinken om de dood te bespoedigen vergelijkbaar met het weigeren van antibiotica of beademing, waardoor het overlijden volgt."'

We kijken elkaar zwijgend aan. H. gooit de tissues weg, ik ruim de vaatwasser in. We proberen elkaars gedachten te raden. Ik kijk naar de glanzende, schone tafel. Klaar voor weer een nieuwe maaltijd, een nieuw gesprek, nieuwe gasten. Uit de koekjestrommel pak ik twee stroopwafeltjes, druk op 'cappuccino' op het koffieapparaat en loop de gang op.

'Mevrouw D.?' Ik zie haar zitten in een stoel bij het raam, haar rug is bijna zo rond als een hoepeltje, ze frommelt een geblokte zakdoek onder haar plooirok. 'Wilt u koffie en een koekje?'

'Heb jij je tanden nog?' vraagt ze.

'Ja, mevrouw D. Allemaal.'

'Dat is geweldig, hoor, allemaal. Dat houdt de boel bij elkaar. Ik heb er nog twee. Dat is net voldoende, zegt de tandarts. Net voldoende om de boel niet in elkaar te laten zakken.' Ze doopt de stroopwafel in de koffie en sabbelt tot het koekje uiteenvalt in haar mond. En ik gun het haar; de tandeloze tijd.

Een lege plek om te blijven

Dus vindt er een *intervisie* plaats. In eerste instantie verwar ik het woord met *interventie*, 'een doelbewuste ingreep om een bepaalde zaak te verbeteren', en voel ik vlekken in mijn nek opkomen. Van machtsverhoudingen krijg ik allergische reacties. Het antiautoritaire, jongste kind van het gezin komt dan in verzet – ik vermoed althans dat dit de basis is van die hevige overgevoeligheid voor hiërarchie. De vriendelijke intervisie daarentegen, zo wordt mij snel duidelijk, is 'een georganiseerd gesprek tussen vakgenoten of professionals. Onderwerp van gesprek is een ingebrachte casus over het werk'.

Leuk op je cv

Bij het hospice doe ik mijn fiets op slot, deurbel: 'Janneke hier, ik kom koken', zoemer, deuren schuiven open, mondkapje mag in de tas blijven – daar herinnerde mevrouw D. me vorige week nog vriendelijk aan. Vandaag ga ik eerst naar de eerste verdieping. Aanleiding voor deze bijeenkomst is het vrijwilligersoverleg dat een paar dagen geleden plaatsvond. Er werd gesproken over hoe om te gaan met islamitische rituelen rondom sterven, over slikproblemen, over speciale diëten bij diabetes, over handmassages en een bewoner die iets te handtastelijk werd toen hij werd verschoond. En toen kwamen de rondvraag en de mededelingen. Eerst de mededelingen. Daarna de vragen. Ik stak mijn hand op.

'Janneke,' zei de vrijwilligerscoördinator 'vertel.'

Ik twijfelde. Moest ik zeggen wat ik wilde zeggen? Had het zin?

'Iemand zei een tijd geleden tegen me... doet er niet toe wie...' begon ik rommelig, onzeker, 'iemand zei dat we te aardig zijn voor de bewoners, "dat het hier geen hotel is". En "dat vrijwilliger zijn in een hospice natuurlijk leuk staat op je cv, en leuk is om te vertellen op een verjaardag".' Ik werd zwijgend aangekeken, zag een enkeling zijn hoofd schudden.

'Heel goed dat je dit zegt, dit is duidelijk een onderwerp voor een intervisie.' Er werd door iedereen instemmend geknikt en zo ontdekte ik dat er maandelijks een bijeenkomst is voor vrijwilligers om dit soort situaties met elkaar te bespreken.

Halen en brengen

Bij aanvang worden de spelregels uitgelegd: 'Er worden geen oplossingen gegeven, maar we stellen elkaar vragen die helpen bij het onderzoeken van de casus. Anders dan bij supervisie is er geen hiërarchische situatie waarin iemand de leiding heeft.'

Hoera! denkt het antiautoritaire kind.

'Ik leer altijd iets,' zegt collega-vrijwilliger D. (53), naast wie ik heb plaatsgenomen. 'Het interessante is namelijk: waarom raakt het jou?'

'Het houdt me bezig omdat mijn intenties met die opmerkingen in twijfel worden getrokken, niet in de laatste plaats door mijzelf overigens,' antwoord ik en ik denk terug aan het gevulde eitje op een blaadje spinazie waar mevrouw K. (60, longkanker) weliswaar geen hap meer van kan eten, maar wel van begint te glunderen als ze het op haar bed gepresenteerd krijgt – alleen al de aanblik van het verse, met aandacht bereide eten brengt geluksgevoelens teweeg. Ik denk aan de kat, Kapitein Sok, hoe ik die aai en een snoepje geef en hoe die zich op zijn beurt extra opkrult tegen mevrouw J. (79), wier hersenen flink geschud zijn. Wat je geeft, wordt doorgegeven. 'Sindsdien vraag ik me af of ik alleen maar een goed gevoel kom halen. Ben ik zelfzuchtig? Ik twijfel aan mezelf.'

D. glimlacht en anderen vallen me bij, geven aan dat ze zich ook weleens afvragen of ze het juiste doen, op de juiste plek. D. vervolgt, ze is met haar twintig jaar ervaring duidelijk de senior hier: 'Pure onbaatzuchtigheid bestaat niet. Misschien helpt het je je te realiseren dat we de ander nodig hebben om iets te kunnen brengen. Iedereen die hier aanwezig is, heeft zijn eigen redenen om in een hospice als vrijwilliger te willen werken. Los van die persoonlijke motivatie geeft het besef zinvol bezig te zijn voldoening.'

'Maar,' probeer ik voorzichtig, 'kennelijk zitten hospices niet verlegen om vrijwilligers. Kan ik mijn tijd niet beter ergens anders geven?'

'Alsjeblieft niet, zeg,' zegt de vrijwilligerscoördinator haastig, 'we zijn hartstikke blij met jou, met iedereen. Als je in de weg loopt, moeten we een keer om tafel gaan zitten, maar dat is niet aan de orde.' Hij kijkt de kring rond. 'Jullie ontzorgen de zorg. De plus die jullie brengen, is onbetaalbaar. En daarbij:

ook als het je werk is, wil je met een voldaan gevoel naar huis aan het einde van de dienst. Steven Pont, ontwikkelingspsycholoog, zegt daarover dat we, of we nu willen of niet, onze investeringen en die van een ander registreren. We houden er een kasboek op na. Wanneer een relatie te weinig oplevert, zetten we er een punt achter. Dat geldt voor persoonlijke relaties, maar ook voor werkrelaties, dus ook hier. Alle liefde is economie.'

Ga maar liggen, luister

Ik fiets terug naar huis. Onder mij de Amstel. Over het fonkelende water glijden roeiers richting Ouderkerk. Net als de dag en het tijdstip, vrijdagmiddag halfdrie, is het weer toegeeflijk en hoopvol. Misschien is dit wel de mooiste zon, maartse zon, zacht en toch sterk genoeg om sproetjes van te krijgen. Ik overdenk wat er vanmorgen is gezegd en herhaal in gedachten het wonderschone gedicht van Rutger Kopland dat ik na de lunch op haar verzoek voorlas aan mevrouw S. (90), die inmiddels geen licht van donker meer kan onderscheiden:

> *Ga nu maar liggen liefste in de tuin,*
> *de lege plekken in het hoge gras, ik heb*
> *altijd gewild dat ik dat was, een lege*
> *plek voor iemand, om te blijven.*

En plotseling weet ik het, weet ik waarom. Het is die lege plek in de tijd, die weerloze tussentijd die talmt en treuzelt tussen afscheid nemen en vertrekken en waarvan de meesten niet weten hoelang die nog zal duren. Het is geen economie. Het is die lege plek in de tijd, die we willen vullen. Het is die lege plek in het gras, die we willen zijn.

Vogelvrij

Er is een moord gepleegd. Ik kijk naar het uiteengereten karkas, het geronnen bloed. Geknakte vleugels, veren her en der. De onbestemde vlek op het raam.

'Het was me een klap!' zegt mevrouw D. (89) opgetogen. Ze veert op, wappert met haar armen. 'Ik zag haar op me afkomen. En toen zomaar...' ze last een paar seconden stilte in voor extra drama, 'en toen zomaar BOEM! Ze was op de vlucht, voor een grote meeuw. Ik zag hem neerstrijken naast het lijfje en erin pikken. Ze is om het leven gebracht!' Ze slaat haar armen als vleugels om zich heen, zakt terug op de stoel. 'Toch zou ik een vogel willen zijn. Hoog in de lucht, in een warm land met veel vis,' mijmert ze terwijl ik de resten van de duif van het balkon opruim.

Gefeliciteerd, je bent typisch een kip

'Welke vogel zou u willen zijn?' vraag ik, nadat ik mijn handen heb gewassen en we afscheid hebben genomen van de overledene in een pedaalemmerzakje, met een liedje op verzoek van mevrouw D.

'Een ekster. Volgens mijn man' – ze slaat een kruisje – 'was ik dat in een vorig leven. Alles wat glimt, trekt mijn aandacht.'

'Dit was geen ekster.' Gelukkig, denk ik erachteraan.

'Duiven zijn natuurlijk een beetje dommig,' gaat mevrouw D. verder zonder acht te slaan op wat ik zeg, 'vliegende ratten noemden we ze vroeger. Mijn broertje heeft de papegaaienziekte gehad, een soort longontsteking. Daar kon je aan doodgaan. Duiven veroorzaken die ziekte. Toeristen die op de Dam zo vrolijk die vogels eten voeren, creëren een soort *all you can eat*-restaurant voor die fladderaars. Eigenlijk is het dierenmishandeling; ze worden er dik en lui van.'

'Wie?' Meneer L. (73) is de woonkamer binnengerold en parkeert zijn rolstoel naast mevrouw D. 'De Amerikanen?'

'Nee, de duiven, we hebben het over duiven,' zegt mevrouw D.

'En over welke vogel je zou willen zijn,' vul ik aan.

'Mmm... dat is een interessante vraag,' lispelt meneer L. 'Je kunt een test doen om te ontdekken welk dier je bent, op de site van World Animal Protection. Zoek maar op.' Hij wijst naar mijn telefoon die op het aanrecht ligt.

Nieuwsgierig als ik ben typ ik de website in en beantwoord zes vragen, met als resultaat: *Gefeliciteerd, jij bent typisch een kip! Jij bent een echte levensgenieter! Het liefst relax je samen met je vrienden of familie in een zonnig oord. Maar dat is niet je enige kwaliteit, want je bent ook nog eens slim en sociaal. Je gaat graag de discussie aan... en gaat er dan vol voor.* Ik herken me hier weliswaar niet helemaal in, zeker niet wat de discussie betreft als professioneel conflictvermijder, maar ik leg me bij mijn lot neer wanneer ik mevrouw D. en meneer L. goedkeurend zie knikken.

'En u? Welke vogelsoort zou u willen zijn?' vraagt mevrouw D. 'U kunt uit heel veel vogels kiezen, hoor, roodborstje, goudvink, winterkoning, boomklever, Turkse tortel, kra...'

'Vogelvrij,' onderbreekt meneer L. haar. Meneer L. woont in de Rivierenbuurt in Amsterdam. In 1970 kwam hij als deserteur naar Nederland omdat hij niet mee wilde vechten in de Vietnamoorlog. Een halfjaar geleden kwam hij naar dit hospice om te overlijden, maar hij kon zich niet neerleggen bij de prognoses van de artsen – verzet zit diep in hem geworteld – dus vertrok hij weer. Eenmaal thuis verslechterde hij snel en nu is hij hier voor onbepaalde tijd.

'Vogelvrij is niet iets goeds toch?' Mevrouw D. kijkt hem vertwijfeld aan. 'Dan kan iedereen en alles je pakken. Zoals de meeuw de duif greep.'

'Dat kan wel zo zijn, voor mij klinkt het woord goed. Niemand is onaantastbaar. Niemand kan ontsnappen aan zijn lot. We zijn allemaal vogelvrij. Als iedereen dat wat meer tot zich liet doordringen, werd er misschien wat meer geleefd in plaats van gerend, gepland en kapotgemaakt.'

Mevrouw D. en ik vallen stil van zoveel wijsheid en staren door de ramen naar de lucht, waar spreeuwen een betoverende dansvoorstelling geven. 'Tis ook niet altijd goud wat er blinkt,' fluistert ze tegen meneer L. 'En ik kan het weten, ik was een ekster.'

Verandering

We veranderen allemaal gaandeweg ons leven. Omdat we wíllen veranderen, verbeteren, groeien. Van alle levende wezens is de mens als enige in staat zichzelf te evalueren en te reflecteren op zijn eigen gedrag. Al lijkt misschien nog niet iedereen dit vermogen te beheersen. Ook veranderen we door externe factoren; onder invloed van vrienden, familie, door oorlog, door vrede, technologische ontwikkelingen, door de liefde, door ziekte… Vasculaire dementie, alzheimer en talloze andere hersenaandoeningen doen weldenkende, volwassen mensen veranderen in een schim van zichzelf, een ongenode gast. Het tast hun herinneringen aan, hun gedrag, hun humor, hun morele kompas. Ze zijn niet meer de persoon op wie we verliefd werden. Ze zijn niet meer de persoon die ze waren.

King

Zo ook meneer V. (76). Hij heeft diabetes en vanwege een lelijke val op een zebrapad is daar een schedelbasisfractuur bij gekomen. Hij woont samen met zijn man R. (86), die ten einde raad is. Samen met hun teckel King en de dokter zitten ze in de woonkamer die, net als de hele maatschappij, weer open is voor wie wil. Op de tafels liggen tekeningen van (klein)kinderen, kranten, tijdschriften en dozen met spelletjes. Zo moet het zijn geweest voor corona, leven in het hospice.

'Maar hij slaat me!' hoor ik meneer R. roepen.

De arts legt een hand op zijn arm om te voorkomen dat hij opstaat en wegloopt. Kalm pakt de arts een folder uit zijn tas, leest voor op zachte toon: 'Agressiviteit of snel boos worden zijn gedragsmatige gevolgen van niet-aangeboren hersenletsel (NAH). Het is een van de kenmerken van NAH. Het heeft te maken met verstoorde controle. Er is sprake van agressie als iemand andermans grenzen overschrijdt, bewust schade berokkent of met woede probeert iets te bereiken.'

Meneer R. wrijft met zijn handen over zijn armen, radeloos. 'Hij zegt niet eens sorry.' Hij zet z'n pet af en nu pas zie ik de bloeduitstorting bij zijn rechteroog. 'Kijk, dit is wat hij doet. Met de afstandsbediening.'

Meneer V. streelt onbewogen King, die even opkijkt bij het overslaan van de stem van meneer R. en dan tevreden zijn kop weer neerlegt.

'En daarom is het goed dat hij nu hier is. Dan kunt u op adem komen, tijd voor uzelf nemen. Als u niet voor uzelf zorgt, kunt u ook niet voor een ander zorgen.'

Meneer R. probeert zijn trillende been tot bedaren te brengen, pakt een kluifje uit zijn binnenzak. 'King,' roept hij terwijl hij het kluifje boven zijn hoofd heen en weer slingert. 'King, ga je mee?'

'Voor nu is het beter dat zo veel mogelijk hetzelfde blijft voor uw man.' De dokter kijkt naar het hondje dat inmiddels op zijn rug is gedraaid en opgaat in het gekroel en gewoel van de handen van zijn ene baasje. 'Een prikkelarme omgeving en een vast ritme. Dat zal hij hier nu krijgen. Samen met King en u aan zijn zijde kunnen we werken aan het accepteren van een nieuwe werkelijkheid, een nieuwe persoonlijkheid. Het wordt niet meer zoals het was. Ik zou willen voorstellen dat het hondje hier even blijft. We bouwen de veranderingen liever langzaam op.'

Cats & dogs

Luid gekuch. Mevrouw J. (79) – samen met haar kat Kapitein – kondigt haar komst aan.

'Mag ik binnenkomen?'

'Tuurlijk,' zeg ik, blij dat ze haar bed uit is. 'Komt u aan tafel lunchen?'

'Nog niet, misschien binnenkort.'

'Misschien met Pasen?' In mijn hoofd ga ik snel de kalender af. Pasen is komend weekend. *Dat komt goed, dat redt ze*, bezweer ik mezelf.

'Misschien. Ik kom een cappuccino halen. Mag ik?'

En ik zeg ja, en dat ik het ook even voor haar uit het apparaat kan halen, maar ze zegt dat ze het liever zelf doet.

'Ik ken het zelluf,' roept ze opgewekt en ze loopt voorzichtig richting het raam, waar de koffiemachine staat. De mannen zijn nog in gesprek, maar plotseling springt King van de schoot van meneer V. die vervolgens een boze blik naar zijn man werpt.

Mevrouw J. deinst naar achteren als ze de teckel ziet, draait zich om en kijkt me vragend aan.

'Komt goed,' zeg ik vaker als ik even niet zeker weet of iets goedkomt, en ik help haar met de koffie. In stilte wens ik dat

King en de Kapitein het kunnen vinden met elkaar. Want verandering is weliswaar onvermijdelijk, vrijwel altijd gaat het gepaard met weerstand, vertwijfeling en woede. Zowel bij mens als bij dier.

Afhankelijkheidsverklaring

De paastafel is gedekt met fleurige kleden, vierkantjes van nepgras waar felgele plastic kuikentjes in omhoog piepen en vazen met hoge takken waar eitjes met gele linten aan hangen. Er staan draaiplateaus met broodjes rosbrief, zalm, gevulde eitjes, quiche met geitenkaas en groene asperges, tortillarolletjes met hummus en rucola. Servetten gevouwen als paashaasjes en glaasjes sinaasappelsap bij de borden. We hebben Sunshine-soep, gemaakt van wortel, zoete aardappel, gember, citroen, tijm en kokosmelk, in lage, glazen coupes van gegolfd glas die op een ander moment kunnen worden gebruikt om champagne uit te drinken of om garnalencocktails in te serveren met kerst. Mevrouw D. (89) wiegt heen en weer in het door de zonwering gedempte lentelicht, terwijl ze zachtjes een psalm humt. Soms komt er een woordje mee.

Geeft niks

Aan het hoofd zit mevrouw Y. (55), de mevrouw met smetvrees. Naast haar zit mevrouw D. en daartegenover heeft mevrouw Q. (81) plaatsgenomen. Meneer V. (76) is ook aan tafel gekomen, teckel King blijft op de kamer, net als mevrouw K. (60). Meneer L. (73) zit met zijn rolstoel aan het andere hoofd van de tafel, knikt tevreden als hij een glaasje soep krijgt.

Mevrouw Q. is sinds afgelopen week nieuw in het hospice, ze heeft de kamer van mevrouw A. overgenomen – al weet ze dat niet. Ze weet niets van de slingers, van de ansichtkaarten. Niemand die hier binnenkomt heeft weet van de levens die hem of haar zijn voorgegaan binnen deze muren. Alleen het gedenkboek midden in de gang herinnert aan de eerdere bewoners.

Onrustig schuifelt ze met haar voeten onder de tafel. Haar korte haar zit alsof ze net naar de kapper is geweest, ze heeft lippenstift op en subtiele, groene oogschaduw. 'Paasbest,' zegt mevrouw D. als ze naar haar overbuurvrouw kijkt. Mevrouw Q. knikt bescheiden. Mevrouw D. vouwt haar handen tot een toeter, zet deze aan haar mond. 'Paasbest!' roept ze over de tafel.

'Ik denk dat ze u wel verstaat hoor,' zegt mevrouw Y. 'Ze praat alleen niet zoveel.'

Mevrouw Q. schudt haar hoofd en begint te kuchen. Ze schokschoudert.

'Ze verslikt zich!' roept mevrouw D. 'Zuster!'

Mevrouw Q. zit met haar rug naar de keuken, ik zie niet wat er nu precies gebeurt, maar iets begint te lekken onder haar stoel. Haar lichaam golft. Vanuit de gang komt de zorg aangesneld. Ik leg theedoeken op de grond, terwijl mevrouw Q. een grijskartonnen bakje onder haar kin houdt. Aan tafel staart iedereen roerloos naar zijn bord.

Mevrouw D. legt haar bestek overdwars op haar bord.

'Geeft niks hoor,' sust ze, 'geeft toch niks. Dat kan de beste overkomen.' En ze schuift haar stoel een beetje opzij.

Een leven in lijstjes

'Ik moet me eraan overgeven, zeggen ze. Het afbrokkelen van het lichaam, het onverbiddelijke verval... dat is een gegeven, dat vind ik niet eens zo erg. Dat is vrijwel onvermijdelijk. Ik heb genoeg leuke dingen kunnen doen. Het is de afhankelijkheid van anderen...' Mevrouw Q. stopt even om op adem te komen. Ik wrijf zacht over haar rug. Ze heeft nieuwe kleren aangetrokken op haar kamer en zit op de rand van het bed. Ze houdt haar hoofd gebogen, zit heel stil. Alles in haar is erop gericht haar energie terug te laten vloeien in haar lichaam. Even denk ik dat ze gaat huilen, maar dan kijkt ze me weer aan met haar zachte reebruine ogen die vroeger intens donker moeten zijn geweest, getuige de foto's van haar en haar man naast haar bed. 'Hulpbehoevend. Je kunt het je niet bedenken als je alles nog kunt. Je raakt je vrijheid kwijt – zo voelt het.' Met zichtbare moeite legt ze haar benen op het kussen dat op haar bed onder de dekens ligt, voor een beetje steun. 'Het is gewoon kut.' Ze glimlacht en ik grinnik. De keuze van het woord correspondeert niet met haar verzorgde uiterlijk, haar beschaafde handelingen. 'Ja,' beaam ik en ik pak haar hand, kijk nog eens naar haar nachtkastje, naar de foto's van schommelende kinderen in een weelderige tuin, trouwfoto's, zwartwitfoto's. Een heel leven in lijstjes. Ik hou haar hand vast tot ze in slaap valt.

'U bent niet alleen, mevrouw Q.,' fluister ik. 'En weet u... uiteindelijk zijn we allemaal afhankelijk van elkaar. We kunnen niet zonder de ander bestaan.' Ik laat haar los, kijk nog een keer naar de foto's en stap de wereld weer in, de stad die in bloei staat. De stad die op zíjn beurt afhankelijk is van ons. Ik kijk naar boven, naar de vijfde verdieping van het gebouw waar het hospice gevestigd is. Wij, de mensen, onze verbondenheid, wij zijn het weefsel dat het cement tot leven brengt.

Afhankelijkheid is geen zwakte. Het vraagt alleen een beetje vertrouwen. En een beetje overgave.

Je kunt het maar één keer doen

Voor de tweede keer komt per mail de oproep voorbij van collega R. Wie o wie kan er schaken? Mevrouw Q. (81) wil graag schaken maar de andere bewoners kunnen het niet. Er hangt een schema in haar kamer voor wie wil spelen. Ik probeer me te herinneren wanneer ik voor het laatst het spel speelde. Het moet jaren geleden zijn geweest. Ik ken de beginselen, geleerd op de lagere school. En wat ik in ieder geval nog weet, is dat ik altijd op dezelfde manier opende: op zijn Russisch, met pion en paard. Een opening met een naam die sinds enige tijd een bittere bijsmaak heeft gekregen.

Iedere dag koning

Vlaggenlijntjes met oranje kroontjes, schaaltjes met bitterkoekjes en serpentines in de kleuren van de Nederlandse vlag in de woonkamer herinneren aan Koningsdag. Op tafel liggen tijdschriften en kranten. Máxima zwaait me toe vanaf de covers met grote hoed en glimlach.

'Ze waren in Maastricht.' Meneer V. (76) rijdt met teckel King op schoot binnen in zijn rolstoel. 'Ik heb de hele dag de televisie aangehad. En ik vroeg me toch regelmatig af: zouden ze ons uitlachen? Ons, het koekhappende volk? Zouden ze onderweg naar huis een fles drank opentrekken, chinees bestellen voor straks thuis en met de voeten omhoog grappen maken over de dag en over wat hun koningsgetrouwe onderdanen die dag geknutseld en bedacht hebben? Hoe léven die mensen? Wat zouden ze nou écht denken?'

'Ze nemen hun werk vast heel serieus. Het is werk. Zo zien ze dat, denk ik. Maar veel belangrijker: hoe gaat het met u, meneer V., hoe voelt u zich?'

Hij legt zijn hand op King, probeert het trillen te verbergen door zijn andere hand erbovenop te leggen, maar ik had het al gezien.

'Het geeft niet,' zeg ik.

'Het geeft wel. Ik heb zwarte band karate, ik speel, speelde piano.' Hij vouwt zijn handen over de oren van de hond, alsof hij het niet mag horen. 'Met deze handen heb ik liefgehad, brieven geschreven, een huis gebouwd. Kijk hoe dik ze zijn.' Zijn handen zijn vlekkerig, rood en inderdaad flink opgezet. Hij laat de oren van King weer vrij, die de handelingen zonder zichtbaar oordeel ondergaat. Zijn zwarte neus glimt van gezondheid. Het contrast met de schilferige huid van zijn baasje is groot. 'Komt door de suiker. Ik blaas helemaal op. Maar ergens in dit omhulsel zit ik nog, hoor.' Hij buigt over het hondje heen en fluistert: 'Ik ben nog wie ik was. Jij weet dat hè? Voor jou maakt het niet uit. Voor jou ben ik de koning. Iedere dag weer. Ook al ben ik soms een beetje boos.' Ik zie de beurse plekken op het gezicht van zijn man weer voor me toen ze hier twee weken geleden binnenkwamen. Meneer V. manoeuvreert zijn rolstoel weer naar de gang, de wielen piepen op het linoleum wanneer hij de bocht om gaat naar zijn kamer. Ik herinner me de mail van collega R. en loop achter meneer V. de gang op, naar de kamer van mevrouw Q.

Wit begint, zwart wint

'Maar verder is het geen racistisch spelletje, hoor.' Mevrouw Q. pakt het houten doosje waar de schaakstukken in zitten, pakt de beide koninginnen en houdt ze achter haar rug. 'Kies maar.'

Ik wijs naar haar rechterarm.

Vergenoegd toont ze de zwarte speler. 'Wit begint,' herhaalt ze, 'wit begint.' Ze stalt haar stukken uit op het bord dat tussen ons in staat. Sinds ze onlangs overgaf aan de paastafel, luncht ze op haar kamer. Iedereen probeert haar over te halen met de woorden 'het was een ongelukje, dat gebeurt heus niet nog een keer', maar ze kan haar schaamte niet overwinnen.

'Aanraken is zetten.'

Ik knik.

'Pionnen mogen promoveren,' vervolgt ze.

Ik weet het nog, ik weet dat een onbeduidende pion een dame mag worden als hij de overkant van het bord bereikt, maar ik knik alleen maar. Ik weet namelijk ook dat mevrouw Q. vroeger lerares was en dat het willen onderwijzen diep in haar geworteld zit. Plotseling heb ik een dilemma. Mevrouw Q. heeft niet lang meer te leven, niet veel schaakspelletjes te spelen... hoe goed is ze eigenlijk? Laat ik haar winnen? Of is dat júíst ongepast? Ze onderbreekt mijn gedachten.

'Soms speel ik tegen mezelf. Dan wordt het pas echt interessant. Want waarom willen we altijd winnen? Zelfs van onszelf. Het gaat om het spel, het gaat om de juiste zetten. Het spel valt soms schitterend samen met de keuzes in ons leven.' Ze kijkt me aan over de rand van haar bril en zegt: 'Denk na, voordat je een zet doet. Denk heel goed na.' Ze richt haar blik weer op het spel, verplaatst haar eerste stuk. 'Je kunt het maar één keer doen.'

Achterblijven is een kunst

Vlak voordat ik vertrek, zie ik het mailtje voorbijkomen. Het is maar een zinnetje. Het is altijd maar een zinnetje met de naam en het kamernummer. Op de fiets naar het hospice denk ik aan het spel van vorige week. We waren nog niet klaar, maar ze zei dat ze moe was en dat ze een extra schaakbord had waar ze mee kon spelen, zodat ons spel rustig een weekje kon blijven staan. We deden niet aan tijdcontrole met een klok. 'Dat doe je in het leven toch ook niet?' Mevrouw Q. (81) had haar sjaal wat omhooggetrokken zodat haar nek bedekt was. 'Een weloverwogen besluit, daar moet je alle tijd voor nemen. We hebben nu eenmaal niet allemaal dezelfde hoeveelheid tijd. Wie zijn wij om die van een ander te reguleren?' Ze wreef met haar handen over haar armen. 'Het is fris, vind je niet?' De thermostaat aan de muur gaf vijfentwintig graden aan.

Er is altijd genoeg

In de keuken praat collega H. me bij. Over mevrouw K. (60) met de rode Chanel-lippenstift, dat ze voortdurend misselijk is en nu echt alleen nog maar vloeibaar eten tot zich kan nemen. 'Een beetje soep lust ze straks wel, maar alleen als het door een rietje kan, dus echt helemaal fijn.' Over mevrouw Y. (55) en hoe ze vanmorgen weer een ravage heeft achtergelaten onder de ontbijttafel. Ze wijst naar de eettafel. 'Raad maar waar ze heeft gezeten.'

We lachen, schudden ons hoofd.

Ze gaat verder met haar vinger langs de namen op de bewonerslijst, vertelt over de zoon van mevrouw J. (79) die afgelopen week iedere dag bij haar op bezoek is gekomen, twee keer, soms zelfs drie keer per dag, en graag mee-eet als er genoeg is. Ik zie dat er een P voor haar naam is komen te staan. *Palliatief.* De glimlach verdwijnt van mijn gezicht. Ze kwam hier om te herstellen van haar val. Ze zal haar eigen huis niet meer zien.

'Altijd,' zeg ik. 'Er is altijd genoeg.'

'Hij stopt iedere dag geld in het bakje, hij is gul,' zegt H. Ik kijk naar het metalen bakje dat bij de ingang van de keuken hangt en waar gasten een vrijwillige bijdrage in kunnen stoppen als ze mee hebben gegeten en denk aan haar zoon, aan haar kat. Niet zelden laat iemand een grote leegte achter wanneer hij sterft. *Achterblijven is een kunst*, las ik laatst. *Het verdriet, de rouw van zij die doorleven na het afscheid.*

'Heb je de mail vanmorgen nog kunnen lezen?'

Ik knik. Haar vinger rust nu bij de regel waar mevrouw Q. (81) staat.

'Ze wordt straks uitgeleid. Wil je erbij zijn?'

Ik knik weer en knoop mijn schort opnieuw vast. 'Mooi en professioneel,' zei mevrouw Q. over de wijnrode sloof die ik hier draag.

'Ik haal je zo.' H. vouwt het A4'tje met de namen op en stopt het discreet in een la, loopt naar de gang en sluit de deuren.

Zoals het straks zal gaan
'Waarom doet ze nou de deuren dicht?' Ik neem plaats tegenover meneer L. (73) die als laatste nog aan de ontbijttafel zit.

'Er is iemand overleden. Dan komt er een erehaag van de mensen die hier werken, als een laatste eerbetoon.'

'Ah, right. *A final tribute.*' Meneer L. valt de laatste paar weken vaker terug in zijn moedertaal wanneer hij geëmotioneerd raakt en dit gevoel wil onderdrukken. 'Dan weet ik *what awaits me when it's my time.*' En dat is dat. Hij snijdt een korstje van zijn brood af, vraagt niet naar wie of hoe of wanneer. Men leeft hier samen naar een einde toe, deelt maaltijden voor zolang als dat gaat, maar te veel informatie over de anderen is niet wenselijk, de verwerking van al die verhalen vraagt veel energie. Energie die men nodig heeft om barmhartig naar zichzelf toe te zijn.

Het eindspel
Na het afscheid loop ik naar de kamer van mevrouw Q. Met mijn hand strijk ik langs het witte lint aan haar deur. Haar geur hangt nog in de kamer, een zacht-zoete mengeling van gekookte melk en speculaas. Ik loop naar het tafeltje bij het raam en zie het schaakbord. Precies zoals ik het een week geleden heb achtergelaten. We hadden er allebei het volste vertrouwen in dat we het zouden kunnen afmaken.

Zij was aan zet. Ik neem plaats op haar stoel. Verplaats me in haar gedachten en speel haar stukken, verwissel weer van plaats en persoon en speel mezelf.

Het gaat om het spel, niet om het winnen. Ik hoor haar stem.

Soms speel ik tegen mezelf. Dat is moeilijkste gevecht. Van haar stoel naar de mijne en andersom. Ik bestudeer het eindspel, kijk naar de zwarte en witte stukken die van het bord zijn gedreven en op hun beurt aan de zijlijn toekijken naar hun koningen die ik moet beschermen.

Het hoeft nog niet te eindigen. Ik pak het bord op en neem het mee naar de woonkamer, zet het boven op een kast. Soms mag het spel nog best wat langer duren. Wie ben ik om de tijd te bepalen.

Zuurstof

Op de televisie van meneer L. (73) is een bekende kok een ingewikkelde taart aan het maken. Meneer L. komt zijn bed niet meer uit. Zijn rolstoel staat werkeloos in de hoek van zijn kamer. Vandaag maak ik Thaise wortelsoep met miniloempiaatjes voor de lunch, maar als ik het hem breng, mompelt hij zo goed en zo kwaad als het kan en met lange tussenpozen: '*I can't eat that, that is too hard.*'

'Zal ik het in stukjes snijden?' Ik zet de soep voor hem op de verstelbare bedtafel, wacht zijn antwoord niet af. 'Ik ben zo terug.'

Schaar

In de keuken probeer ik de toch al kleine hapjes nog kleiner te maken, maar het blijven harde stukjes. 'Hij kan niet meer goed bijten,' zegt keukencollega H. 'Ik maak wel even een boterham met kaas voor hem.' Nog voordat ik kan vragen of de broodkorstjes dan niet te hard zijn, heeft ze die al afgeknipt met een schaar. 'Handig toch?' Een knipoog.

'Ik doe dat met de uiteinden van sperzieboontjes,' zeg ik.

'Maar het voelt een beetje oneerbiedig.'

'Snap ik, maar soms moet je praktisch even voorrang geven. Zeker op dagen als deze.' Ik kijk haar vragend aan. 'Je zou het misschien niet zeggen, maar het is heel erg druk en er is tekort aan personeel. Zieken, vakantie.'

Op het oog heerst er inderdaad een serene rust in het hospice vandaag. Er is niemand in de woonkamer. 'Er komen maar twee mensen aan tafel straks. Mevrouw Y. (55, smetvrees) en mevrouw D. (89), die sinds een paar dagen geen ui meer kan verdragen – erg belangrijk. Ook geen knoflook, prei. Er zijn een paar mensen snel achteruitgegaan en ze hebben veel extra aandacht en hulp nodig. De zorg is moe.' Veel informatie in een zin – *geen ui*, dus geen soep en loempiaatjes voor mevrouw D. *Snel achteruitgegaan* – zoals meneer L., en ik vraag me bezorgd af hoe het met de anderen is. *De zorg is moe* – de constante dreiging van corona is weliswaar afgenomen, de emotionele belasting is nog lang niet door iedereen verwerkt en tegelijkertijd blijft het hospice gevuld en gaat het om mensen, individuen die allemaal iets nodig hebben. De een koffie, de ander zuurstof, hulp bij het eten, drinken, een nieuwe luier, medicijnen, aandacht, gordijnen dicht of juist liever open, wonden verzorgen, ijswater met een rietje, doekjes voor het bloeden. Vierentwintig uur per dag. Het stopt nooit. En dat is mooi, dat is heel bijzonder. En belangrijk en verantwoordelijk. En soms ook zwaar. Al voelt het al snel ongepast om dit hardop te zeggen en wordt het zelden met zoveel woorden uitgedrukt. Want je kiest voor dit beroep. Maar de stilte en uitdrukking op de gezichten vertellen genoeg en nu H. het zo zegt, zie ik het ook. Ik leg extra loempiaatjes apart voor het personeel.

Levensbelang
'Heb je weleens geen zin om te komen?' vraagt meneer L. als ik weer bij hem zit op zijn kamer.

'Nee, nooit. Ik heb er nooit bij stilgestaan eigenlijk. Soms moet ik een beetje schuiven met de tijd om alles passend te maken, maar zodra ik hier ben, valt de agenda weg.'

Meneer L. pakt vijf stukjes brood en legt ze apart op een servetje naast zijn bed. Hij ademt zwaar. 'Dat is genoeg. Meer kan ik niet op.' Ik kijk naar de beker met soep. Leeg. *Gelukkig*.

'*It's hard*,' zegt hij.

'Het brood? Is het te hard? Zal ik nog wat soep halen?'

'*No*.' Hij sluit zijn ogen, probeert zijn adem te reguleren, zijn lippen trillen.

'Het is moeilijk.' Een rilling loopt langs mijn rug.

'Ik begrijp het,' zeg ik en ik pak zijn hand. Woorden schieten te kort.

'Ik ben moe, maar niet hier.' Hij tikt tegen zijn hoofd. 'Het past er nog niet in. Het einde.'

'Dat hoeft toch ook niet.' Ik kijk naar zijn lichaam onder de dunne deken. *Tijd is niets anders dan zolang iets duurt*. Ik ben bang om in clichés te vervallen en houd mijn mond. In dit bed liggen hoop, verlangen, verdriet, vrijen, missen, pijn, geluk, dromen, woede, strijdlust, ongemak, angst, vreugde, opwinding, afkeer, lust... al die gevoelens liggen hier samen aan het zuurstofapparaat. Ik huiver bij de gedachte dat ik afhankelijk zou zijn van de kwetsbare, dunne draden waar de lucht doorheen wordt gesluisd via de neus om het lichaam van lucht te voorzien. Het viel me al eerder op dat de apparaten zelf niet in de kamer van de bewoners staan, maar vlak voor de deur, zodat er door de kamer naar het bed toe transparante slangen over de vloer kronkelen waar je makkelijk over kunt struikelen, maar wat kennelijk nooit gebeurt. *Wat als het in de knoop raakt? Wat als de stroom uitvalt? Al na een paar minuten zuurstoftekort kan er onherstelbare schade worden aangericht.*

Iets wat zo vanzelfsprekend is en tegelijkertijd zo noodzakelijk.

'Het is kapot hier.' Hij wrijft over zijn borst. Hij zegt dat het de moeilijkste fase is. Dat het te snel is gegaan, dat hij zijn steeds weer uitgestelde pensioen anders voor zich had gezien. Nee, hij heeft geen spijt. Hij hield, houdt van zijn werk. Dat hij nog graag naar buiten zou willen. Hij fluistert dat verdriet zijn adem dikker maakt.

'Bent u dat?' Naast zijn bed staat een grote lijst met foto's. Een zonnige, gezonde versie van meneer L. in het midden. Hij opent zijn ogen.

'Van mijn oude collega's.' Een plotselinge glimlach op zijn gezicht. '*They come to visit every week. So loyal.*' Het licht op zijn gezicht werkt als brandstof, zet iets in beweging. '*Thank you.*' Zijn ogen vallen weer dicht. En het lijkt alsof de lucht dunner is, iets soepeler.

Ik zeg niets, zijn glimlach is van levensbelang, kwetsbaar en kostbaar. Net als zuurstof.

Halfstok

De televisie bij meneer L. (73) staat op National Geographic. Terwijl hij soep uit een donkerblauwe plastic beker met oortjes drinkt – die lijkt op zo'n drinkbeker voor baby's, met een stevige dop erop tegen mogelijk morsen – kijken we naar een documentaire over Queen Elizabeth (96). In het bijzonder over het vuistdikke draaiboek dat klaarligt wanneer zij komt te overlijden. Met militaire precisie is beschreven wie wat wanneer moet doen. Alles begint met de persoonlijke secretaris van de koningin die de premier belt met de boodschap: *London Bridge is down*, codetaal voor haar verscheiden.

Halfstok

De documentaire eindigt met de protocollen rondom de vlaggen van alle overheidsgebouwen – deze moeten binnen tien minuten na bekendmaking van het overlijden van de koningin halfstok hangen. Medewerkers uiten met tobberige blik en in *upper class English* hun zorgen over de haalbaarheid van dit voorschrift omdat niet overal altijd iemand klaarstaat in de betreffende gebouwen om de vlag te hijsen en vervolgens te laten vallen. Ik kijk naar meneer L. en vraag me af wat er in zijn hoofd omgaat.

'Komt vast goed *with them flags...*' fluistert hij, alsof hij mijn gedachten kan lezen, en hij zet de beker naast zich op zijn bedtafel/nachtkastje. In het laatje dat half openstaat bevindt zich zijn dagelijks leven: bril, nagelknippertje, kam, notitieboekje, pennen, medicijnen, aftershave. 'Als dat je enige zorgen zijn, de vlaggen.' Hij schikt de draadjes met zuurstof in zijn neus. Ik herinner me de zorgen die mevrouw Q. zich maakte. De zorgen over de erfenis. Over de kunst in haar huis. Haar kinderen, aanhang. Zouden ze er samen uitkomen? Ze had ook een draaiboekje klaarliggen, zei ze de laatste keer dat ik haar zag.

'Je staat er niet bij stil als je midden in het leven staat, maar het is best fijn voor de nabestaanden – ik heb dat zelf gezien bij vrienden die overleden. Het scheelt de nabestaanden veel uitzoekwerk. Een boekje met alle namen van mensen die ingelicht moeten worden, alle abonnementen die opgezegd moeten worden. Magazines, televisie, verzekeringen, telefoonnummers en codes, wachtwoorden.' Dat was dus in orde en ze had haar kinderen en kleinkinderen al wel het een en ander laten uitzoeken toen ze nog thuis woonde, maar nog lang niet alles was verdeeld voordat ze overleed, sneller dan ze had verwacht.

Afronden

National Geographic heeft deze dag kennelijk gewijd aan het Britse koningshuis. De volgende uitzending wordt besteed aan Harry en Meghan en hoe de erfenis van prinses Diana ervoor zorgde dat ze een nieuw leven in de VS konden opbouwen. Meneer L. pakt de afstandsbediening uit het laatje met levensbehoeften. 'Andere levens, ver weg.' En hij zet de tv uit.

'Wilt u slapen?' Hij trekt de sprei hoger over zijn borst. Ik stap voorzichtig over de plastic slangetjes die over de vloer kronkelen naar het zuurstofapparaat op de gang en sluit de deur achter me. '*Wait*,' hoor ik nog net en ik stap terug de kamer in, loop naar het bed.

'Wil je wat voor me doen?'

Ik knik. 'Natuurlijk.'

Hij draait zich om naar het laatje en haalt er een enveloppe uit. Er staat een buitenlands adres op en is al gefrankeerd. '*Can you do this in the mail for me?*' Hij ademt in, ademt uit door zijn neus. Heel kalm. 'Ik weet dat ik hier zal blijven. Nu moet mijn kind het ook weten.' Ik ga weer zitten in de stoel.

'U hebt een kind?'

'*A son*. Hij is voor werk in Amerika gaan wonen. *Still don't understand*.' En ik herinner me dat meneer L. als deserteur hier begin jaren zeventig naartoe is gekomen om te ontsnappen aan het Amerikaanse leger. Zijn enige zoon in Amerika. Het moet een vloek voor hem zijn. 'Hij kwam niet toen zijn moeder was gestorven. Het was toch al te laat, zei hij. Gelukkig heeft zij het niet geweten. Ze vertrok heel snel, plotseling, *she was not ill, heart attack*.' Hij wrijft over zijn slapen, een bezwerende handeling. 'Hij weet niet dat dit de laatste fase is. We bellen niet, daar heb ik te weinig energie voor. Ik wil hem de kans geven om van mij wel afscheid te nemen. Niet voor mij, maar voor hem. *To come clean*.'

Alsof het een kistje met kostbaarheden is, bescherm ik de brief met mijn leven en doe hem in de dichtstbijzijnde brievenbus. Meneer L. heeft geen draaiboeken en protocollen nodig. Meneer L. heeft zijn zoon nodig om zijn leven te kunnen afronden. Om te kunnen stoppen met het koesteren van de illusie dat hij het eeuwige leven heeft en zich over te geven aan dat wat onvermijdelijk is. De vlag halfstok.

Ik kom eraan

'Het is een bekende zanger.'

'Wie?' vraag ik aan collega H., terwijl we samen naar de uitgeprinte namenlijst kijken waar sinds vorige week weinig verandering in is gekomen. Er zijn geen namen afgegaan, wel twee bijgekomen.

'Ken je hem niet?' Ze pakt haar telefoon, begint te typen en voor ik het weet schalt er een stevige, Hollandse stem door de keuken.

'Zachter!' Ik kijk verschrikt om me heen. 'Straks hoort hij zijn eigen stem.'

'De kamers zijn vrijwel geluiddicht als de deuren gesloten zijn, geen zorgen.' Ik zie dat hij aan de Palliatieve zijde ligt en ik vraag me af hoe het moet zijn om na een leven in de schijnwerpers veel te jong te eindigen op een kamer op vijfhoog in Amsterdam-Oost. Prachtige kamer, prachtig uitzicht. Maar wel de laatste kamer.

'Hij wordt geëuthanaseerd.' H. legt haar telefoon weer weg. 'Hij wil dat er zo veel mogelijk mensen bij zijn. Een echte artiest. Hij blijft op het podium staan.'

Rummikub

De enige twee bewoners die vandaag aan tafel komen zijn mevrouw D. (89) en mevrouw J. (79).

'Wat is het toch stil, de laatste tijd,' verzucht mevrouw D.

Zwijgzaam zitten de twee dames tegenover elkaar.

'Wilt u na de lunch een spelletje spelen?' vraagt mevrouw D.

Stilte. Mevrouw D. fronst.

'WILT U NA DE LUNCH EEN SPELLETJE SPELEN?' herhaalt ze luidkeels in de richting van mevrouw J., die verdwaasd opkijkt van haar soep. Al is ze al jaren met pensioen, het directeurschap zit diep in mevrouw D. geworteld. Delegeren heeft ze tot een kunst verheven. Ik wil mevrouw J. behoeden voor een kansloos potje Rummikub, maar mevrouw D. heeft bord en bestek al aan de kant geschoven en roept: 'Zuster, zuster, kunt u de Rummikub even pakken? Het ligt daar in de kast. Dank u, zuster.' En natuurlijk pak ik het. Want mevrouw D. is naast meester in delegeren ook heel goed in charmeren.

'Ik weet niet meer zo goed hoe dit moet, hoor.' Mevrouw J. zet haar Rummikub-rekje neer en draait de steentjes om.

'We mogen allebei dertien stukken pakken en je mag pas uitkomen als je 30 kunt leggen,' onderwijst mevrouw D., terwijl ze haar steentjes verwoed ordent. Mevrouw J. is nog aan het verzamelen.

Laatste brief

Na de lunch, het spel (dat al afgelopen was voordat mevrouw J. goed en wel iets had kunnen leggen, zo snel was mevrouw D. uit) en de afwas loop ik naar meneer L. (73). Vóór de lunch was hij aan het vernevelen. Iets wat meneer L. energie oplevert, maar hem zoveel kracht kost dat de econoom in mij zich afvraagt of de opbrengst de investering waard is. Voorzichtig open ik de deur. Tot mijn verbazing staat de tv uit en hoor ik klassieke muziek. De stem van een serene sopraan vult de kamer.

'Meneer L.?' Voorzichtig stap ik over de krullende zuurstofdraden op de grond en volg ze tot aan zijn bed. Hij ligt met zijn ogen dicht.

'Meneer L.?' Zachte zuchten ontsnappen aan zijn mond. Ik kijk naar het duidelijk afgetekende ranke postuur onder de dunne, lichtblauwe sprei, zijn handen op zijn buik houden iets vast. Naast hem, op het bedtafeltje staat een cd-speler. Er ligt een hoesje bovenop en ik lees *Vier letzte Lieder*, de laatste composities van Strauss. Hij schreef ze in 1948 op vierentachtigjarige leeftijd, vlak voordat hij stierf. De muziek is ontzagwekkend en toch kalm; er klinkt een zekere acceptatie in door. Meneer L. houdt zijn ogen dicht, reikt me iets aan, een envelop.

Het zal toch niet, denk ik even. Het zal toch niet dat de brief die ik voor hem op de post heb gedaan vorige week retour is gekomen? Het kan onmogelijk al een brief met een antwoord van zijn zoon vanuit Amerika zijn. Ik kijk naar het flinterdunne luchtpostpapier in de benige, gekromde handen van meneer L. Hij wappert ten teken dat ik het moet aanpakken. '*Son*,' zegt hij. '*My son*.'

Ik kom eraan

Zijn zoon schrijft dat hij heeft gehoord van kennissen dat zijn vader in een hospice ligt. Hij schrijft dat hij zo snel mogelijk naar Nederland komt en dat hij hoopt dat zijn vader deze brief in goede orde ontvangt. De kennissen hebben via Facebook contact met hem gezocht en hem op de hoogte gesteld. Hij schrijft dat hij niet begrijpt waarom zijn vader hem niet heeft gebeld. Hij schrijft dat het hem spijt dat hij zijn vader niet heeft gebeld. Hij schrijft dat hij spijt heeft dat hij geen afscheid heeft genomen van zijn moeder. Achter meneer L. klinkt in de stem van de sopraan een verlangen door naar een ondergaande zon. Ik vouw de brief op en leg hem weer onder de handen van meneer L.

De brieven hebben elkaar gekruist. Zoals levens elkaar kruisen, hier in het klein, waar in kamers mensen verblijven die vaak geen weet hebben van de andere bewoners. Muzikanten, winnaars, verliezers, moeders, vaders. En in het groot, in de wereld buiten deze muren, waar mensen langs elkaar heen leven, uit elkaar drijven, hetzelfde bloed hebben en toch niet naar elkaar omkijken. En dan toch een blik. Dan toch een brief waarin staat: *Ik kom eraan.* De enige stem, de enige woorden die er nu toe doen.

Het uur van violet

De versieringen boven de tafel en de papieren placemats veranderen mee met de seizoenen. Sinds afgelopen woensdag, 1 juni, is het officieel zomer volgens de meteorologen. Op de eettafel leg ik uitbundige, rode bloemen neer. Daarna een bord, bestek, een glas rechtsboven. Ik dek weer voor twee, voor mevrouw J. (79) en mevrouw D. (89). Er zijn geen nieuwe bewoners gekomen na de onlangs geëuthanaseerde zanger en de andere naam die aan de bewonerslijst was toegevoegd. Aan het feit dat er 'mvr.' staat, kan ik afleiden dat het om een vrouw gaat. Aan het feit dat er een P staat, kan ik afleiden dat het gaat om iemand die binnenkort zal sterven en niet aan de 'zorg'-kant verblijft. Ik weet niet wat haar voornaam is, haar geschiedenis, welke ziekte haar in haar greep heeft, of ze nog eet, hoe oud ze is.

Vijfentwintig kilo

Terwijl ik de asperges schil voor de soep die ik vandaag maak, komt er een vrouw binnen. Ze spreekt onduidelijk, maakt een onrustige indruk, vraagt om een luier.

'Ik kan het niet,' zegt ze hulpeloos.

'Wacht even,' zeg ik. 'Ik haal iemand van de zorg.'

Keukencollega H. komt terug van haar rondje 'langs de kamers'.

'Er was hier net een vrouw die vroeg om een luier, ik begreep het niet.'

'Dat is de moeder van mevrouw P. Ze heeft ALS. Ze weegt nog maar vijfentwintig kilo. Haar leeftijd in gewicht. Ze kan niets meer zelf.'

Het lijkt alsof het nog stiller is hier in het hospice.

'Wil haar moeder ook iets eten?'

Mijn machteloosheid uit zich in het focussen op de enige taak die ik hier moet volbrengen: zo goed en zo puur mogelijk koken en zorgen dat iedereen het lekkerste eten krijgt dat ik op dat moment kan maken. Het ligt niet in mijn macht de situatie van deze moeder en dochter te veranderen. Hooguit kan ik de moeder heel even een beetje comfort geven, dankzij fluwelige soep met eikruim, geroosterd amandelschaafsel en kervel en zoute boter op warm stokbrood.

'Haar moeder lust zeker wel iets, maar de dochter kan niet meer eten. Ze krijgt sondevoeding.' Ik pel de hardgekookte eieren en denk aan de schrijver Pieter Steinz die in 2016 op tweeënvijftigjarige leeftijd overleed aan de gevolgen van de agressieve spierziekte ALS. Hij bleef tot het einde van zijn leven werken, met een 'opmerkelijke blijmoedigheid'. Zijn vrouw zei daarover: 'We hebben sinds zijn ziekte altijd gezegd: Pieter is nog steeds dezelfde, met dezelfde ideeën, dezelfde doelen, dezelfde humor. Daarnaast is hij ALS-patiënt.'

Kleine wensen

'Wil jij het even naar de kamer van mevrouw P. brengen?' H. houdt een dienblad voor me. Ik pak het van haar over en loop door de gang, die langer lijkt dan anders, alsof hij zich uitrekt. Ik duw de deur open met mijn heup, zie moeder en dochter bij elkaar zitten bij het raam.

Meisje P., niet mevrouw P. Het is een meisje nog.

Moeder zit op een kruk en dochter in een rolstoel met allerlei knoppen, waarin ze bijna lijkt te verdwijnen. Ik zie grote bruine ogen in een uitgehold gezicht, donker, pluizig haar. Een lichaam zo fragiel dat de tranen in mijn ogen springen. Er komen klanken uit haar mond. Haar moeder verstaat haar, staat op en pakt een doekje om haar dochters mond droog te deppen. Het meisje is bijna meer dier dan mens.

'Zal ik het hier neerzetten?' vraag ik en ik knik naar de enige tafel in de kamer.

'Dat is goed hoor, dank je.' Het meisje kreunt, maakt wilde, ongecontroleerde gebaren met haar armen. Ze wordt gesust met zachte moederwoorden. Op de tafel ligt een papiertje. Bovenaan staat 'Wensen'. Er volgen drie regels. Er volgen drie regels met heel kleine wensen. Drie handelingen die we dagelijks uitvoeren zonder dat we er acht op slaan, waar we soms zelfs een hekel aan hebben misschien.

Boterham met kaas.
Bloemen plukken.
In de regen wandelen.

Je kunt er het best mee leren leven

Thuis kijk ik naar de lijstjes die in mijn eigen keuken liggen. Er staan nog to-do's op uit de winter; films die ik wilde zien, maar die inmiddels allang niet meer draaien, schaatsen kopen (gelukkig niet gedaan, want het ging toch niet vriezen), Winter Efteling met zoon. Het is nu juni, ik schreef ze zeker zeven maanden geleden. Even knipperen en op de films na zal het lijstje weer relevant zijn en zo tuimelen we van dag naar dag, van week naar week, van jaar naar jaar. Ik denk aan het lijstje in de kamer van mevrouw, meisje P. Ze denkt niet meer in jaren, in seizoenen. Ze leeft in de smalle openingen van de dagen, daar waar nog een beetje leven doorheen komt, tot de uren komen dat de zon ondergaat en de lucht violet van kleur wordt. In een interview dat Pieter Steinz een klein jaar voor zijn overlijden gaf, werd hem gevraagd wat zijn dagdromen zijn. Hij antwoordde: 'Dezelfde als die van andere ALS-patiënten: slapen zonder masker, praten zonder iPad, eten zonder sonde, wandelen zonder rolstoel, seks zonder beperkingen.'

Nog een vraag: 'Hoe is ongeluk te vermijden?'

'Dat kan niet,' antwoordt Steinz. 'Je kunt er het best mee leren leven.'

Ik wil vragen: maar hoe dan? Hoe kun je met zoveel ongeluk leren leven? Ik zou meisje P. zo graag een beetje wijsheid en woorden willen meegeven. En haar moeder ook. Want zij zal moeten leren leven met het gemis, met dit wrede ongeluk.

's Avonds rond elf uur. Ik sluit de balkondeur, wil naar bed. Het regent. Zonder jas loop ik naar beneden, de straat op, en kijk omhoog. Druppels spatten in mijn gezicht. Weer binnen maak ik een boterham met kaas. Morgen zal ik bloemen plukken en schaatsen kopen voor mocht het toch nog eens gaan vriezen. Meisje P. is dochter, heeft ambitie, voltooide een studie, heeft vrienden, humor, wensen. Daarnaast is ze ALS-patiënt.

Ongeluk is niet te vermijden. Maar de onvermijdelijke weg ernaartoe moet je met een beetje gewoon geluk trachten te omlijsten.

Een definitie van geluk

Soms komen de tranen al bij de opening van de dag. Zomaar uit het niets. Je wil ze definiëren, een naam geven, zodat je ze kunt plaatsen. Waar komen ze vandaan? Zijn het antieke tranen, van onverwerkte, oude pijn, of jonge tranen, geboren uit vers verdriet? Als je ze kunt benoemen kun je ze oplossen, denk je. Want dat is wat we willen: dat ze verdwijnen, zoals we altijd alles willen oplossen. Pijn, rimpels, scheurtjes, vlekjes. Er moet gerend, gesport, gewerkt, geleefd worden. De definitie van geluk. Alles moet gladjes verlopen. Voor voelen hebben we geen tijd.

Tranentijd

'Wil jij appelsap brengen naar de kamer van mevrouw P.?' vraagt collega H. *Meisje P., want nog maar vijfentwintig*, zeg ik in mezelf.

Ik pak een nieuw pak uit de koelkast en plak een stickertje 'vr open' op de dop, zodat anderen kunnen zien wanneer het open is gegaan en tot wanneer het dus gebruikt kan worden. De koelkast staat vol met pakken sap, oploslimonade, meerdere soorten melk, met verschillende stickertjes, met kleurtjes voor de dagen.

De moeder van het meisje zit te werken aan het bureau/de eettafel in de kamer als ik binnenkom. Ze is zichtbaar moe, lijkt mijn gedachten te raden: 'Je denkt dat ik moe ben, maar het zijn tranen. Ik heb zoveel tranen nooit gelaten. Omdat ik er de tijd niet voor nam. De tranen de tijd niet waard vond. Zelfs de tranen van geluk. Die heb ik ook. Soms gaan ze gelijk op; de tranen van verdriet en van dankbaarheid. Maar ik liet ze niet toe. Ze hebben zich opgehoopt onder mijn ogen.' Ze probeert de wallen glad te strijken, trekt met haar vingers de huid naar haar slapen – een glimp van haar verdrietloze evenbeeld – laat weer los en drinkt gulzig van het appelsap dat ik voor haar heb neergezet.

Waar je naar verlangt

Als het glas leeg is reikt ze me een boekje aan, getiteld *De zin van de dood.*

'Het biedt me steun. De verhalen helpen me mijn gedachten te ordenen,' zegt ze. Ik ga bij haar zitten en begin te lezen. De schrijfster, Trodessa Barton, verliest op jonge leeftijd haar moeder en wordt vervolgens zelf ook tot twee keer toe zeer ernstig ziek. Maar in plaats van weg te zakken in moedeloosheid besluit ze hand in hand met de dood en het leven op avontuur te gaan, en spreekt ze met tientallen mensen die weten dat ze niet lang meer te leven hebben:

Met het besef van mijn eigen sterfelijkheid kreeg ik niet alleen fascinatie voor het leven, maar ook voor de dood. (...) Met een gezond lichaam naar je eigen dood kijken, verandert het leven in een speeltuin. In een plek waar alleen maar mogelijkheden zijn, in plaats van onmogelijkheden, waar dromen werkelijkheid kunnen worden. Waar niet altijd alles even geweldig is, maar wel vrij. Wacht niet tot je sterfbed om te voelen dat je spijt hebt van de dingen die je hebt gedaan of juist niet hebt gedaan. Zorg ervoor dat je in het leven doet waar je diep vanbinnen zo naar verlangt.

Cocon

De moeder is ondertussen opgestaan. Ze heeft een bakje met water gepakt waar damp vanaf komt, knijpt er een handdoekje boven uit en wast het gezicht van haar dochter. Ze lacht naar haar, vraagt: 'Is het lekker warm zo?' Haar dochter maakt geforceerde, draaiende bewegingen met haar hoofd, ontspant dan en sluit haar ogen, opent ze weer. Alsof ze knipoogt naar haar moeder. In kattentaal is dit een teken van vertrouwen. Met het langzaam sluiten en openen van hun ogen geven de dieren aan dat ze op hun gemak zijn.

ALS legt het lichaam volledig lam vanaf de nek, maar de geestelijke en zintuiglijke vermogens blijven intact. Achter de ogen van dit meisje gaat een heel leven schuil, voor altijd gevangen in een lichaam dat niet meer van haar is. Een vlinder voor eeuwig in haar cocon. Ik blader door het boekje en zie foto's van sprankelende mensen, lees delen van gesprekken die de schrijfster zo intiem en integer heeft genoteerd dat het lijkt alsof ik bij haar en de geïnterviewden aan tafel zit. Ik kom bij Renate aan, midden in het boek. Ze zegt: 'Zolang de tijd bestaat, verandert er iets in en om ons heen. Het oude loslaten, hoe pijnlijk dat soms ook is, geeft je de mogelijkheid om iets nieuws te ontdekken, te beleven. Een rups kan nooit een vlinder worden als hij geen vertrouwen heeft in zichzelf en in de wereld om hem heen. Een rups zal zijn cocon en zijn rupsenlichaam moeten loslaten om uiteindelijk een vlinder te kunnen worden.'

Zou het meisje, diep binnen in het weefsel dat haar bijeenhoudt, zich nog bewust zijn van haar tijdelijkheid? Zou ze zich bewust zijn van haar transformatie?

Gewoon zoals het moet zijn

Ik loop terug naar de woonkamer, haal mijn naambordje los en pak in de keuken mijn jas en tas. Buiten schijnt de zon uitbundig, schaamteloos alsof er zich geen ramp voltrekt in een hospice op vijfhoog in de stad. Terrassen zitten vol en het lijkt alsof iedereen lacht. Ben ik de enige die het ongemak voelt van de kwetsbaarheid van dit alles? Ik kijk naar boven, naar de vlekkeloze hemel. Ergens anders regent het nu. Ergens anders loopt nu een meisje in de regen. Ergens anders worstelt een vlinder zich uit een cocon.

Misschien is dit wel de definitie van geluk: geen definitie meer willen/hoeven/moeten formuleren. Want zodra je denkt dat je de woorden hebt gevonden, is het gevoel dat je wilde vangen alweer van koers veranderd. Dooft het een, dan ontwaakt het ander. En voel je gewoon precies wat je op dat moment moet voelen.

Vergeten groenten

Er verdwijnen dingen hier in het hospice. Niet alleen levens, niet alleen herinneringen, decorum, dromen, hoop, angst, verdriet. Er verdwijnen spullen. Als ik de mooie soepkommen wil pakken die ik liever gebruik dan de gekleurde soepkommen met oortjes omdat die me te veel aan ziekenhuisservies doen denken, valt me op dat het aantal gehalveerd is.

'Zijn er kommen gevallen?' vraag ik aan collega H. die bestellingen invoert op haar laptop. Melk, suiker, eieren, heel veel eieren, kaas en vleeswaren per twee plakjes verpakt, eenpersoonskuipjes roomboter, smeerkaas, jam, pindakaas. Miniverpakkingen die een vakantiegevoel herbergen omdat ze vaak onderdeel uitmaken van het ontbijtbuffet in hotels en knusse B&B's.

'Niet dat ik weet, maar er ontbreken ook koffiekopjes en theelepeltjes. Ik ga straks de kamers langs. Het kan zijn dat er in de keukentjes van de grote kamers soms wat achterblijft als bezoek zelf afwast en het serviesgoed in de kastjes zet.'

Hoopvol tijdstip

'Op vrijdag wordt altijd het ongeluk bezorgd.'

'U wordt bedankt.' Ik knipoog en zwaai naar meneer V. (76) die de woonkamer binnenrijdt op zijn scootmobiel, teckel King op zijn schoot.

'Ik bedoel de blauwe enveloppen en slechtnieuwsberichten. Ze komen altijd vlak voor het weekend.'

'Ik kom koken, of is dat ook slecht nieuws?' Meneer V. kijkt me onderzoekend aan.

'Ik heb geen idee wie jij bent.' Hij heeft me nu al een paar weken iedere week gezien, maar zijn kortetermijngeheugen is defect. Het is op een bepaalde manier ontnuchterend en geruststellend om in dit hospice als vrijwilliger te werken. Hier ben je geen moeder, geen werknemer, geen dochter. Je laat hier geen sporen na, je kunt altijd weer opnieuw beginnen.

'Ik ben de kok.'

'Ah, de kok! Wat ga je maken?'

'Pastinaaksoep met peer met pestobroodjes.'

'Alles met een p,' grinnikt meneer V. en hij trekt de oren van King omhoog. 'Hoor je dat, King? Alles met een p. Maar pastinaak ken ik niet.'

'Het wordt ook wel de witte wortel genoemd. Het is een soort van vergeten groente. Wat bedoelt u eigenlijk met slecht nieuws? Het is vrijdag. Hebt u slecht nieuws gehad?'

Hij kijkt zoekend om zich heen, aait King, fluistert iets in de lange, zwartsatijnen oren.

'U hoeft het natuurlijk niet te zeggen,' probeer ik als het net iets te lang stil blijft. Hij kijkt me aan, schudt zijn hoofd. 'Sorry, ik weet het niet meer. Ik weet niet meer wat ik heb gezegd. Is het vrijdag?' Met een hand die onder hoogspanning lijkt te staan schuift hij de mouw van zijn overhemd omhoog en hij kijkt op zijn horloge. 'Het is nog vroeg.' Bibberend bedekt hij zijn pols weer. 'Het is een hoopvol tijdstip. Er kan nog van alles gebeuren.' Een kleine lach op zijn gezicht. 'Toch King? Straks komt je andere baasje weer op bezoek, hè?' Het diertje duwt zijn snuit in de lucht, alsof hij meneer R. (86) al ruikt.

Gesnapt

Na de pastinaak-peer-pestobroodjeslunch komt collega H. met een dienblad volgestapeld met soepkommen en rammelende theelepeltjes terug van haar ronde. Ik kijk haar vragend aan.

'Kamer van meneer V.' Met een zucht zet ze het dienblad neer.

'Allemaal?'

'Allemaal. Het is nog maar de helft. En er ligt een enorme verzameling messen in zijn keukenkastjes. Die messen die je bij de Albert Heijn kunt sparen.'

'Wat moet hij daarmee?'

'Het is een beetje triest.' Collega H. komt dichter bij me staan. 'Meneer V. is hier een keer gebracht door de politie omdat hij hondenvoer had gestolen. Hondenvoer voor King. Het dier is als een kind voor die twee mannen. Hij zei dat ze geen geld hebben voor het speciale dieetvoer dat hij nodig heeft.' Ze kijkt even om zich heen. 'Soms speelt verveling of eenzaamheid een rol. Het kan aandachtszoekend gedrag zijn, of voor de kick. Maar vaak zijn verwardheid, dementie, korsakov de belangrijkste factoren. De politie die meneer V. escorteerde vertelde dat het aantal vijfenzestigplussers dat dit soort grensoverschrijdend gedrag vertoont bijna is verdubbeld, van 2600 in het jaar 2000 naar 4900 in de afgelopen twaalf maanden. Ze bedoelen het niet kwaad. Ze weten het vaak niet eens meer.'

Zij weten het voor jou

'Dag kok.'

'U weet het nog!' En ik zeg gedag tegen zijn geliefde meneer R.

'De soep was lekker. Misschien daarom.' Zijn stem is zacht, bescheiden. Hij is geen harde prater. Meneer V. is misschien groot, maar hij neemt weinig ruimte in.

'Ik kwam even vragen of u misschien ook iets wil eten. Er is nog genoeg.' Meneer R. en meneer V. wisselen een blik uit die ik niet helemaal kan thuisbrengen.

'Dank je, maar ik wil liever dat hij goed wordt onderzocht. Er is iets mis. Al die messen, jouw collega heeft ze uit de kast gehaald. Ze is bang dat hij zichzelf iets aandoet. Ik heb geen idee hoe hij eraan komt. Al dat servies. Sorry.' Verontschuldigend kijkt hij naar meneer V. 'Ik weet dat je geen kwaad doet, maar,' en hij richt zich weer tot mij, 'straks moet hij de gevangenis is. God weet wat hij nog meer verstopt heeft.' Hij staat op en begint te ijsberen. Meneer V. oogt kalm, speelt met de staart van King, kroelt achter zijn oren. Het lijkt zich allemaal buiten hem af te spelen. Hij is slechts toeschouwer. Meneer R. gaat achter hem staan, pakt zijn schouders, legt zijn hoofd op dat van meneer V., sluit zijn ogen, kust hem op zijn hoofd. Hij ademt diep in en dan zegt meneer V.: 'Als je wilt dansen lieve meis, leer de stapjes, vergeet ze weer en wees echt. Het enige wat overblijft als je niets meer weet, ben je zelf. Kijk maar naar mij.'

Ik kijk naar hem, naar meneer R. achter hem, de teckel. Ik kijk naar de stapels messen in de verpakkingen op het aanrecht in de keuken. Ik kijk weer terug en ik denk: er is meer, er blijft meer over als je niets meer weet. Familie, vrienden, dieren. Zij weten het nog wel. Zij weten voor twee. Zij weten het voor jou.

In scène gezet

Meisje P. (25) zit in de woonkamer voor het enorme televisiescherm. Ze kermt, stoot af en toe hoge klanken uit. Ik voel me volstrekt machteloos en nutteloos. Ik kan niets voor dit magere meisje betekenen, behalve haar mond afvegen en proberen haar zonder medelijden aan te kijken. Want dat wil niemand. Niemand wil zielig zijn, niemand wil een slachtoffer zijn. Ik heb geen idee hoe ik met haar kan communiceren, hoe ik kan weten wat ze wil. Ze zit vlak bij het raam en trekt aan de vitrage.

'Wil je dat ik het raam opendoe, wil je frisse lucht?' Onrustige, ongecontroleerde armgebaren, de vitrage zit nu om haar arm gewikkeld. Ze is zo fragiel dat ik bang ben dat ze breekt als ik haar aanraak.

'Ik haal iemand van de zorg.' Ik probeer haar gerust te stellen door op haar schouder te kloppen die alleen nog maar uit huid en bot bestaat, geen grammetje vet. Zie ik paniek in haar ogen? Of is het die ellendige, weerzinwekkende spierziekte die haar ogen wijd openzet, angstig, alsof ze voortdurend wordt aangevallen.

'Je kunt niets voor haar doen. Als ze geluid maakt, wil ze aandacht. Maar we kunnen dat niet voortdurend geven. Ze wil graag in de woonkamer televisiekijken omdat ze dat gezelliger vindt dan alleen op haar kamer.' Ik knik begrijpend en loop terug naar de woonkamer. Op het scherm zie ik jongeren zwemmen in de zee, feestvieren op het strand. Wat moet er door haar heen gaan als ze dit ziet? Denkt ze aan hoe het was? Hoe zij ook zo het leven heeft gevierd, gedanst zonder zorgen, er altijd van uitgaande dat er weer een nieuwe dag zou zijn? Het is het seizoen van de festivals, de bandjes om polsen, bier uit plastic glazen, modder op blote benen. Ik zou het haar willen vragen, van welke muziek ze houdt, of ze naar concerten ging, de film.

'Nou, de hele fanfare is dus langsgekomen.' De stem van meneer V. (76) haalt me uit mijn gedachten. 'Het hoofd van de GGZ is persoonlijk langsgekomen om de situatie te bespreken.' Hij parkeert zijn scootmobiel naast de rolstoel van het meisje voor de televisie. Ze kijkt naar de teckel en wappert met haar hand.

'Hij doet niks, hoor, mocht je daar bang voor zijn.' Meneer V. zet zijn woorden kracht bij door zijn hand in de bek van King te stoppen. 'Kijk,' demonstreert hij, 'hij bijt niet eens door. Soms vraag ik me weleens af of het een echte hond is.' Het lijkt alsof de mondhoeken van het meisje omhooggaan en alsof haar ogen meelachen. Ze ontspant, vouwt haar armen op haar buik.

'Jij bent de kok, toch?'

'Wat goed dat u dat nog weet,' zeg ik verheugd. Blij dat hij me na een week nog herkent.

'Ik zie het aan je schort. Dat dragen de koks.' Natuurlijk weet hij niet meer wie ik ben. Zijn schedelbasisfractuur laat zijn kortetermijngeheugen keer op keer vervagen.

'Hoe gaat het met de messen?' prikkel ik, in de hoop dat er iets begint te dagen.

'Ze zijn geslepen, scherp dat ze zijn, hartstikke nieuw!' Geen blik van herkenning, behalve dan aan de geroofde goederen. 'Wil je er een hebben? Ik heb er genoeg. Moet je me wel een stuiver geven. Dat weet je hè.' Zijn ogen vlammen van vervoering. 'Je moet me een cent, een stuiver of een andere munt geven, want je mag een mes nooit cadeau doen. Je moet het van me kopen. Het harde metaal van de munt zorgt ervoor dat onze band niet doorgesneden kan worden. Bijgeloof. Ik hou ervan.' Ik vraag maar niet naar de fanfare, ik denk dat hij het alweer is vergeten.

Schouwspel

'Kok? Hallo? Kan iemand komen?' De stem van meneer V. waaiert door de ruimte. 'Hallo?'

'Ik kom eraan,' roep ik vanuit de keuken, met een zekere opluchting dat ik mogelijk van betekenis kan zijn. 'Ik ben er.'

'Kijk, het meiske zit helemaal in de vitrage. De stof is helemaal om haar heen gewikkeld.' Het beeld van de rups in de cocon flitst aan me voorbij. 'Ze wil de zonneschermen naar beneden hebben. Het licht is te fel, ze kan de beelden niet goed zien.' Ik kijk naar het meisje, in de hoop op een vorm van bevestiging, maar ze kijkt me alleen maar aan met haar ogen die als dropmunten in haar gezicht liggen.

Buiten dansen meisjes en jongens alsof er altijd een morgen zal zijn. Hierbinnen kijken meneer V. zonder geheugen en het meisje zonder stem samen in een verduisterde kamer naar een romantische scène op de tv. Hij begrijpt haar, kan haar verstaan zonder woorden. Deze scène hadden ze een paar jaar geleden niet bedacht.

Lang zal ze leven

Soms denk je op je plek te zijn en dan is de situatie alweer veranderd. Meisje P. (25, ALS) gaat weg. Moet weg. Ze is met een verkeerde diagnose in het hospice gekomen – ze had corona waardoor ze plotseling zeer verslechterde en nu knapt ze op. Voor zover je van opknappen kunt spreken in haar situatie.

Voorpret

Buiten smelt de wereld weg. Mensen bewegen vertraagd. Op de zon na is de hemel leeg. Een babyblauw filmdoek waarin je zou willen verdwijnen op een dag als vandaag. In kamer 485 zijn de zonneschermen naar beneden. De moeder van meisje P. breekt een Twix in tweeën in het schemerachtige licht, haalt een vinger langs de karamel die naar buiten krult over de laagjes biscuit en chocolade en steekt die voorzichtig in haar dochters mond.

'Blijft u lunchen?' vraag ik.

'Graag. Ze is jarig.'

'Echt waar? We hebben slingers, wacht.' Ik loop de kamer uit.

'Dat is niet nodig,' zegt ze snel. 'Persoonlijk vinden we de voorpret van een feestje leuker dan het feestje zelf.' Ze streelt haar dochters arm. 'Je bent toch niet echt aanwezig. Je reddert, je doet. Je wordt geleefd. Niet dat we nu een feestje kunnen vieren, maar toch. Vaak is de voorpret het leukst. We moeten toch alles opruimen, straks gaan we weg.'

'Weg?' Ik kom wat dichterbij staan.

'Mijn dochter had hier nog niet moeten komen. De artsen in het verzorgingstehuis waar ze hiervoor zat, hebben een coronabesmetting aangezien voor een verslechtering van haar toestand. Nu is haar plek ingenomen door iemand anders en moet ze naar een ander huis, waar ze opnieuw zal moeten wennen aan nieuwe procedures, regels, mensen.'

Ik kan mijn verbazing nauwelijks verbergen, kijk naar de moeder en de dochter en zie de chaos voor me in hun hoofd. Het voorbereiden op afscheid nemen, wennen aan deze nieuwe plek, afscheid nemen van het afscheid nemen, wetende dat het onvermijdelijk is, dat er een moment komt dat de ziekte ze inhaalt. Moeder breekt de tweede Twix doormidden, bijt voor zichzelf een stukje af en geeft weer een beetje karamel aan haar dochter die met haar ogen dicht op de vinger van haar moeder sabbelt. Wachtend op haar vertrek om toch nog even te blijven.

Uitzicht

Er is nog iemand jarig. Als ik naar de woonkamer loop, hoor ik een kinderstem. 'Lang zal ze leven'. Aan tafel zit mevrouw S. (91) met haar kleinzoon en dochter, ze tikt met haar vinger op het ritme van het liedje. 'In de gloria,' zingt hij hoog uit volle borst.

'Lang zal ze leven' zingen in een hospice.

'Oma?' vraagt de jongen als het liedje is afgelopen.

'Ja kindje?'

'Waarom hebt u uw ogen dicht?'

'Ze kunnen oma's ogen niet meer repareren. Maar dat geeft niet, ik heb genoeg gezien. Ik hou ze dicht, lekker rustig. Zonder afleiding hoor ik jouw liedjes ook beter.'

Hij kijkt zijn oma onbewogen aan, lijkt iets te bedenken, zet zijn Donald Duck-rugtas op zijn schoot en pakt zijn etui en een schrift. 'Ik teken ogen voor u, oma. Extra grote.'

Terwijl ik limonade voor hem neerzet, kijk ik naar het papier en zie een klassiek getekend poppetje met reusachtige ogen en stokjes als armen en benen, harken met lange tanden als vingers en tenen.

'Oma,' zegt hij, terwijl hij grassprietjes schetst aan de voeten van zijn oma op papier.

'Ja kindje?'

'Mama zegt dat u binnenkort naar het volgende level gaat. In mijn spelletjes kom je dan vanzelf weer terug.'

Zijn moeder zucht. 'Naar zijn belevingswereld geformuleerd,' zegt ze en ze kijkt verontschuldigend in de richting van haar eigen moeder.

Zijn oma pakt het schrift en houdt het vlak voor haar gezicht, kijkt dan vlak over de rand en zegt: 'Mama heeft gelijk, maar ik ben nog niet weg, hoor. Ik vind dit level nog veel te leuk. Je hebt me weer een uitzicht gegeven.'

Plaatsmaken

Voor de lunch smolt de wereld weg, een paar uur later wordt ze weggespoeld. In de verte zie ik flitsen, een paar tellen later hoor ik het gedonder. Noodweer is gevaarlijk dichtbij.

Soms denk je op je plek te zijn en dan is de situatie alweer veranderd, moet je plaatsmaken, moet je vluchten. Soms kom je op een plek waar het beter is. Soms vertrek je om te blijven, soms blijf je om te gaan. Vanavond ga ik met vrienden proosten op het leven, koester ik het moment, de plek waar ik ben, en probeer ik nog even niet te denken aan de volgende halte.

Dit level is nog veel te leuk.

Films die nergens draaien

'Vergankelijkheid doet pijn, maar zo is de wereld,' zei de oude vrouw tegen het hondje. 'Er bestaan geen dingen die blijven. Er bestaan alleen gebeurtenissen. Niets blijft. Zelfs een rots is een gebeurtenis die ooit voorbijgaat. Dus wie zijn wij om er iets anders van te willen maken?'

Met betraande ogen sla ik *Films die nergens draaien* dicht. Een jeugdboek zo aandachtig en zuiver geschreven dat het voor iedere leeftijd een cadeau is.

Die alleen zij kan zien

'Waar gaat het over?' vraagt mevrouw S. (91 sinds een week, vrijwel blind).

'Over Cato, een meisje dat haar moeder verliest op dezelfde dag dat zij wordt geboren,' vertel ik. Terwijl het deeg voor de pitabroodjes die ik straks met tzatziki en lamsgehaktballetjes bij courgettesoep zal serveren steeds meegaander, soepeler wordt onder mijn handen.

'Mijn dochter heet ook Cato. Ik weet nog heel goed dat ze geboren werd. Het stormde, hagelde, waaide en later die dag scheen de zon. Het leek wel alsof de wereld en alle elementen haar welkom wilden heten. Ze kwam snel, het leek wel alsof ze haast had. Dat heeft ze nog steeds een beetje, denk ik. Ik was zo gelukkig die dag. Met z'n drietjes. We hadden niemand anders nodig. Alles klopte op dat moment.' Ze kijkt met glanzende ogen voor zich uit, glimlacht. Alsof ze naar een film kijkt die alleen zij kan zien. 'Is het een droevig verhaal?' vraagt ze.

'Soms, een beetje, maar het is vooral een ontroerend, betoverend verhaal.'

'Wil je het aan me voorlezen?'

Ik schrik van haar vraag, durf dat wat ik me nu afvraag niet hardop te zeggen. *Zouden we het einde wel halen?*

'Natuurlijk,' zeg ik, over de beren op mijn eigen weg heen walsend. 'Graag zelfs. Ik neem het boek volgende week mee.'

'Volgende week is prima. Wanneer kom je weer?'

De keuken is een veilige plek. Ik hóéf met niemand te praten, kan me verschuilen achter de vaatwasser, de enorme pannen soep, snijwerk, het kneden en masseren van deeg, de oven. Maar nu kan ik niet meer terug. Met de kennis die ik heb. Dezelfde kennis die mevrouw S. heeft. Ik bijt op mijn lip, met mijn rug naar haar toe verman ik mezelf.

'Vrijdag ben ik er weer. Zoals iedere vrijdag.' Tegen beter weten in probeer ik haar blik te vangen.

Ze knikt. 'Dat is goed, kind. Dank je voor de herinnering aan de geboorte van Catootje.' En ze verlaat de ruimte.

Zonder einde

In de stad en in de mensen is het bijna zomervakantie. Bijna. Ik voel de verwachtingen bij mijn kinderen. Nog een paar toetsen, nog een paar cijfers, dan is daar die weidsheid aan tijd. Die zee aan mogelijkheden. Die dagen, weken die als kind zo eindeloos lijken.

Er hangen momenten in de lucht die zo vol van betekenis zijn dat ze je de adem gaan benemen, zoals de vrouw in het boek zo waarachtig verwoordt. Als rijpe pruimen, klaar om geplukt te worden.

Kleine momenten, het zijn altijd de kleine momenten die nagloeien en die zo fragiel en kostbaar zijn omdat ze op het moment van herkenning weer voorbij zijn. Maar of je nu blind, doof, slecht ter been, acht of tachtig bent, die zomers en hun vruchten neemt niemand je meer af.

Mevrouw S. zal volgende week woensdag worden geëuthanaseerd. Haar films draaien verder in de ogen van haar dochter, haar kleinkinderen, hun kinderen en zo verder. Ze knopen er nieuwe verhalen aan vast. Een einde zonder einde.

De tuinman

We komen tegelijkertijd aan. Ze rommelt met het kettingslot tussen haar rode fietstassen tot het frame vastzit aan de boom. Nog even schudden of het echt goed vastzit. Ze lijkt een beetje kleiner dan vorige week. Haar haren een beetje grijzer, korter, stuurs alsof ze ze heeft gewassen met haar tranen. Ze kijkt naar boven. Eerst naar de lucht, die zich uitnodigend in zachte babyblauwe tinten eindeloos uitstrekt boven de wereld. Dan draait ze haar gezicht naar het gebouw dat een schaduw legt over de stoep waarop we beiden staan, richt haar blik naar de vijfde verdieping. Haar schouders zuchten. Ze laat haar ogen vallen, opent een van de fietstassen, pakt haar handtas en een kartonnen doosje waarop staat *Vergeet me niet*, versierd met blauwe bloemetjes met een gele kern.

Alles wat groeit
'Gekregen bij de ingang van de supermarkt omdat ik iets gaf aan de collecte voor kinderen die onder de armoedegrens leven,' vertelt mevrouw O. (79) in de lift naar boven als ze ziet dat ik naar het kartonnen doosje kijk in haar hand.

'Wat lief dat u dat hebt gedaan.'

'Het kan altijd erger, toch?'

'Hoe bedoelt u?'

'Soms lees ik de krant, kijk ik het nieuws en dan denk ik: het kan altijd erger. Ik zet het bloemetje bij mijn man. Hij houdt van bloemen, van alles wat groeit. Hij was,' ze schudt haar hoofd, 'sorry, hij ís tuinman. Hij weet alles, van de wortel tot de top.' Ze houdt het doosje stevig vast, klemt het tegen haar buik.

'Ik maak vandaag soep met madeliefjes en een salade met Oost-Indische kers. Madeliefjes smaken een beetje kruidig en wat zo lief is: als het regent sluiten de bloemetjes zich, maar drijvend in de warme soep gaan ze weer open.'

'Dat zal hij vast leuk vinden.' Het licht hapert, zoemt verstoord. Onze gezichten lichten op en doven uit in de manshoge spiegel in de rug van de lift. 'Hij vindt niet zoveel meer leuk.'

Meneer O. (96) is hier sinds een week. Hij wil naar huis, hij wil hier niet zijn, maar zijn vrouw kan de zorg voor hem niet meer aan, ook al schelen ze bijna twintig jaar. Ik stel me voor hoe ze samen jonger zijn geweest. Blote voeten in het zand, een veer of bloem in het haar gestoken, plagerig rennen en natspatten. Zoenen in de zee. Golven van liefde. Herinneringen die haperen, schelpen droog op een schaaltje ver van het water, verkleurde foto's, drie keer knipperen en ze geeft haar man hapjes aan tafel omdat hij dat niet meer zelf kan. En ook dat is liefde. Dat is juist liefde.

Goede genen

Na de lunch, als haar man terug is naar de kamer, komt mevrouw O. terug in de woonkamer, gearmd met een andere vrouw.

'Ik wil je even voorstellen aan zijn zus.' Ik loop de open keuken uit om de zus een hand te geven. 'Ze is volgende week jarig en mijn man, haar broer, die week daarop.'

Voor me staat een vrouw met een vrolijk gezicht. 'Machteld, aangenaam.'

'Ze wordt drieënnegentig.' Mevrouw O. knikt naar haar schoonzus. Ik moet mijn verbazing smoren.

'Ons moeder werd honderd,' zegt ze. 'Ze begroef haar eerste man op haar vijfentwintigste. Hij stierf aan de Spaanse griep. Ze werden met kruiwagens in graven gedumpt. Ze bleef achter met twee kinderen en ze kreeg geen geld, ze had niets. Ze hertrouwde, maar ook ons pap stierf toen wij nog klein waren. Daarna heeft ze het maar niet meer geprobeerd. Vanaf ons twaalfde moesten we werken. Leren deden we in de avond. En als ik ging spelen in plaats van boodschappen doen, dan kreeg ik de mattenklopper op mijn kont. Maar ik heb geen trauma's, hoor. Het heeft geen slechter mens van me gemaakt. Ik weet dat er geen andere mogelijkheid was. En iedereen was altijd welkom, hoe weinig ze ook had.' Ze knijpt in de arm van haar schoonzusje.

'Ik ben niet zo sterk als jullie moeder.' Ze zakt in elkaar, in de armen van haar schoonzus.

'Hij zei nog: oude bomen moet je niet verplanten. Ik voel me zo schuldig.'

'Hier is het goed, echt, je doet wat je moet doen.'

'We hebben geen kinderen,' snikt ze. 'Hadden we maar

kinderen. Dan konden we de zorg delen. Dan kon hij thuisblijven. Ik had graag kinderen gewild. Maar hij wilde niet. Bang dat hij ook vroeg zou sterven, zoals jullie vader. Dat de jeugd zijn leven af zou pakken. Voor hem was dat onlosmakelijk met elkaar verbonden. Hij heeft zich zijn hele leven verantwoordelijk gevoeld voor zijn dood.'

De schoonzus geeft mevrouw O. een kus op haar wang. Klein en snel. Lief en teder.

Ze zal het hebben gevoeld. Ik voelde het zelfs. *Toe maar*, zegt ze met de kus. Toe maar, je doet het juiste. Ze legt haar vinger onder de kin van mevrouw O., laat haar ogen niet los en zegt: 'Al denkt je hart van niet, je man is hier nu thuis. Hij zal zich verzoenen en als hij het niet doet, dan is dat niet jouw schuld. Wees er voor hem, maar verzoen je, lieve Olga, ook dat is liefde. Alleen dan kun je er echt voor de ander zijn.' Ze drukt haar schoonzus tegen zich aan, zoals mevrouw O. de vergeetme-nietjes innig tegen zich aan hield.

De dood strikken

'Ze komen vaak in drieën.' Collega H. staat met haar rug naar me toe, maakt aantekeningen in haar dossiermap.

'Wie?' vraag ik, terwijl ik de ingrediënten bij elkaar verzamel voor de romige paprikasoep en frittata met groene asperges en honinggeitenkaas. Eieren, ui, knoflook, room, munt.

'De doden.'

'Sorry?' Ik kan de geitenkaas niet vinden. Afgeleid door dit gemis graaf ik verder in de lades in de koeling, tussen de tomaten, komkommer en gember. Hij moet hier ergens liggen.

'Misschien moet ik zeggen: ze gáán vaak in drieën.' H. draait zich om, zet haar bril in haar vrolijk springende haar. 'Gisterochtend meneer L., gistermiddag meneer D. en vannacht mevrouw K.'

Ik sluit de koelkast. De geitenkaas is plotseling niet zo belangrijk meer.

Verlamd hart

'Ze kon het dus toch niet. Ze kon dus toch niet de dood met haar rode Chanel-lippen strikken,' fluister ik en ik kijk naar boven, naar het plafond, alsof ik verwacht dat mevrouw K. daar een teken van leven zal geven, met haar gelakte nagels, de rouge op haar wangen, haar chocoladebruine haar dat haar smalle gezicht omlijstte. *Natuurlijk niet, Janneke, niemand kan de dood strikken. Geen lippenstift kan ons verlossen van dat wat ons mens maakt, wat ons allen gelijk maakt, en verhinderen dat het lichaam op is op een zeker moment.*

'Waar kijk je naar?' vraagt H., maar ze praat zonder te wachten op een antwoord verder terwijl ze in haar map bladert: 'Het is niet per se waar natuurlijk wat ik zeg, maar het valt wel op dat er nooit iemand alleen sterft hier, vrijwel nooit. Net zoals je vaak bij lange huwelijken ziet dat als een van de twee overlijdt, de ander vaak snel volgt. Ik ken een verhaal over twee mensen die eenenzeventig jaar getrouwd waren en twaalf uur na elkaar stierven. Uit een Deens onderzoek blijkt dat de dood van een partner een hartritmestoornis kan veroorzaken, die minstens een jaar kan duren. Ze ontdekten ook dat mensen onder de zestig jaar het grootste risico lopen en dat de acht tot veertien dagen na het overlijden van de geliefde cruciaal zijn – dan vlakt het risico geleidelijk af. De hartspier kan tijdelijk verzwakt of zelfs verlamd raken onder invloed van paniek of angst. Of rouw. Het bewijs dat verdriet dodelijk kan zijn.'

'En mevrouw K.? Hoe is ze gestorven?' Voorzichtig breek ik de eieren een voor een in een glazen kom, strooi er grof zeezout overheen.

'In de armen van een van de verzorgsters. Ze moest naar het toilet. Vaak is dat een teken in dit stervensstadium, een teken dat het lichaam alles loslaat. Ze viel in de badkamer, kon gelukkig nog op de alarmknop drukken. Nadat ze op bed was gelegd, had ze een glimlach op haar gezicht. Een ontspannen glimlach.' Er verschuift iets in mijn gevoel, droefheid verplaatst zich naar lichtheid, het is niet aan te raken, maar het gebeurde zojuist op het moment dat H. 'glimlach' zei.

Pak me dan

Op de voorkant van de rouwkaart die ik een paar dagen later per mail krijg doorgestuurd, staat een woest aantrekkelijke, gezonde versie van mevrouw K. in ravissant rode jurk en dito gestifte lippen. Uitdagende ogen die zeggen 'pak me dan'. Haar glanzend zwarte haar opgestoken, nonchalante lokken in haar nek. Een satijnen lint om haar middel. Net zo mooi en glad als het witsatijnen lint aan de deurklink van haar kamer in het hospice, ten teken dat ze het leven achter zich heeft gelaten. In het hart van de kaart staan namen van familieleden, de locatie waar het afscheid zal plaatsvinden, een link om de dienst digitaal bij te kunnen wonen en de laatste woorden van mevrouw K.: 'Niemand kan de dood strikken, dus je kunt er maar beter een mooie strik omheen doen.'

De ontmoeting

Het moest er natuurlijk een keer van komen.

Het begon met blazen, bolle rug, een dikke staart die driftig heen en weer zwiepte alsof het heel hard waaide, pootjes schrap op de linoleumvloer. Daartegenover: geblaf, tanden laten zien, grommen – het was bijna alsof hij lachte – grommen. Een veldslag dreigde. Meneer V. (76, schedelbasisfractuur) werd bijna van zijn scootmobiel getrokken door teckel King en mevrouw J. (79, zeven keer gevallen) kreeg krassen in haar decolleté van Kapitein Sok die zich fel van haar afzette toen hij King in het oog kreeg. Twee zwarte, harige maarschalken in de gang van het hospice, lijnrecht tegenover elkaar. Bloed sijpelde over de borst van mevrouw J. die met een hand voor haar mond verstijfd naar de twee dieren keek vanuit de deurpost van haar kamer. Een paar seconden gebeurde er helemaal niets. De dieren keken elkaar strak aan, de baasjes keken strak naar hun dieren. Je kon het hartje van de dieren door hun huid heen zien slaan. Bij de baasjes trouwens ook.

Einde verhaal

'Maar wat gebeurde er?' vraagt H. ongeduldig, pen en namenlijst in de aanslag om door te nemen wie aan tafel komt eten en wie niet. In een flits zie ik dat de kamers van de drie overledenen vorige week nog niet zijn ingevuld met nieuwe namen.

'Niks,' zeg ik. 'Er gebeurde niks. En dat was misschien wel dankzij het verdwenen kortetermijngeheugen van meneer V., want plotseling draaide hij zijn scootmobiel om en reed terug naar zijn kamer. Vrij haastig, alsof hij iets vergeten was. King, trouw als hij is, rende achter zijn baasje aan. Einde verhaal.'

'Geen veldslag?'

'Geen veldslag.'

'Een enerverende ochtend, ik hoor het al,' zegt ze glimlachend, met licht sarcasme. 'Gelukkig hebben we nog altijd mevrouw Y. met haar eitjes-en-broodkorstjesoorlog onder haar stoel.' Ze knikt naar de eettafel.

Het is inmiddels halftwaalf, maar mevrouw Y. (55) zit nog steeds met haar ontbijt voor zich. Alsof ze weet wat ik me afvraag, zegt ze: 'Ik moet rustig aan doen. Ook met eten. Ik doe er een beetje lang over. Ik heb stress. Een ei pellen, en dat het velletje dan niet meegeeft. Stress van dat apparaat. Ik moet het zelf doen, maar ik krijg de band niet strak genoeg en er is iets met de instellingen, met de tijd – die staat nog op winterstand.' Haar stem klinkt paniekerig. 'Ik moet zelf mijn bloeddruk twee keer per dag meten. Ze willen uitsluiten dat ik aan het wittehemdensyndroom lijd, dat zei de dokter.' Ik wil graag weten waar haar stress vandaan komt, maar meneer V. snijdt de bocht af.

'Witte hemden?' Hij kijkt op van het roddelblad met veel te bruine BN'ers met veel te witte tanden in badpakken en bikini's. De wereld buiten dit hospice. De wereld waar de dood op afstand wordt gehouden met affaires, fillers, botox, merkkleding en diamanten uit arme landen en andere leugens. Teckel King zit op zijn schoot, zijn kopje komt net boven het tafelblad uit, met een nog enigszins ontregelde blik in zijn ogen door wat er deze ochtend is voorgevallen.

'Witte hemden,' zegt mevrouw Y. beslist en ze veegt nog wat kruimeltjes op de grond. 'Twintig procent van de mensen die naar de dokter gaat, schijnt daar last van te hebben. Dat zei hij tegen mij. Omdat ziekenhuizen en dokters symbool staan voor ellende en ziekte. Voor gevaar. Je lichaam reageert daarop met stress en in twintig procent van de gevallen met een hoge bloeddruk. Het voelt alsof je lijf examen moet doen en vervolgens faalt omdat de meter uitslaat.'

Meneer V. kijkt haar geamuseerd aan. 'Wittejassensyndroom,' grinnikt hij en kijkt naar King, trekt plagerig aan zijn lange oren. 'Zwartekattensyndroom voor jou, hè?'

Het blijft verwarrend hoe het werkgeheugen van meneer V. dan weer wel dan weer niet hapert, peins ik, terwijl ik weer stoffer en blik pak om de ravage van mevrouw Y. op te vegen.

'Het heet het wittejassensyndroom,' herhaalt hij. 'Niet witte hemden. Je bent in de war met de gele hesjes.'

'Ik ben helemaal niet in de war.' Haar stem klinkt geagiteerd nu. 'Hemden zijn toch geen hesjes? En zij doen heel andere dingen. Dat staat allemaal niet in dat flodderige blaadje van je, hè.' Zo fel heb ik haar nog niet eerder gezien.

Meneer V. kijkt verontwaardigd naar het tijdschrift op tafel, schuift het met een zoevend geluid naar het uiteinde van de tafel alsof het een sjoelsteentje is en kijkt weer naar mevrouw Y. die met een bolle rug en haar handen aan het tafelblad zijn blik niet loslaat.

Over en weer klinken onredelijke woorden, gegrom, geblaf en gesis. Verhitte gezichten, ogen als streepjes, de blik op scherp gesteld, de lucht lijkt te trillen. Langs de slapen van meneer vallen zweetdruppeltjes op zijn armen, op zijn handen. King likt zijn vingers, kruipt vanonder de tafel omhoog, dichter tegen zijn borst aan, likt zijn wangen. De blik van meneer V. verzacht. De woordenstroom valt stil. Mevrouw Y. leunt uitgeput naar achteren. Er zal geen veldslag zijn. Niet vandaag.

Vrij van tijd

Vijf levens geleden was ik met mijn lief en twee vrienden op reis, onze levens in een rugzak. Knap benauwd was het, ja, maar ons gloeien won het van de hitte. Vlinders boven de Killing Fields. Ingelijst in de tijd voor, na en tijdens Grote Gebeurtenissen.

Vanuit het noorden van Vietnam reisden we in vierentwintig uur via Cambodja in zeven verschillende voertuigen – trein, truck, brommer, bus, speedboot, riksja, veerpont – naar de laatste plek van onze reis. Hutje op het strand, hangmat en voeten in de Thaise zee. Onbezorgd gemoed, gebruinde, rimpel- en zorgeloze gezichten lachend onder palmen. Niet de eindbestemming, maar de reis als doel. Mailtjes sturen in bloedhete internetcafés. Poste restante. Collect bellen met thuis. Rijst met krab als ontbijt, lunch en avondeten. Pornbuckets in de avond – een vrolijk emmertje gevuld met een cocktail van wodka, Red Bull, Passoa, limoensap, heel veel ijsklontjes en vier rietjes –gaven de nodige calorieën in de No Name Bar waar we de vijf avonden dat we op het eiland mochten zijn, vaste klant waren.

We hadden nog één nacht. Dachten we. We hadden het uitgerekend, nagerekend – we hadden het verkeerd. De drie bèta's in het gezelschap ten spijt.

Cadeautje

We hadden een dag extra. Het was alsof we het leven cadeau kregen, en god, wat hebben we dat leven als eendagsvliegen geleefd. We gingen het eiland rond achter een boot, we speelden nog zeker tien potjes klaverjas, we aten ons vol aan krab met rijst, slurpten aan de rietjes tot het weer licht werd. We dansten. We waren uitzinnig van zoveel extra tijd binnen de beperkte tijd die ons nog restte. We konden uitzinnig zijn omdat we wisten dat er daarna nog een dag zou komen. En nog een. En nog een... Leef je je dag dan anders?

Ik vraag het meneer V. (76, schedelbasisfractuur) aan de rand van zijn bed. In zijn kamer is het tropisch heet. Al is het nog geen twaalf uur en heeft de zon haar hoogste en vlammendste moment nog niet bereikt én ligt zijn kamer aan de schaduwzijde van het hospice. Ik vraag het hem omdat hij net vertelde over de vele reizen die hij heeft gemaakt met zijn geliefde meneer R. (86).

'Ik beantwoord deze vraag niet zelf. Dit wil ik graag zeggen: "*It is the time you have wasted for your rose that makes your rose so important.*" Het is een quote van Antoine de Saint-Exupéry, de schrijver van *De kleine prins*, *Le Petit Prince*. Ken je het boek?'

Ik glimlach. 'Het boekje staat binnen handbereik op mijn bureau. Het is prachtig, uniek.'

'En het zegt precies wat waar is,' vult meneer V. aan. 'Ik weet niet veel, maar dit verhaal heeft me er meerdere malen voor behoed me van het leven te beroven. Wat heb je gemaakt voor lunch? Hoe laat gaan we aan tafel?'

'Halfeen, zoals altijd, hè King?' Ik knipoog naar zijn teckel. 'En ik heb bloemkoolsamosa's en rodelinzensoep gemaakt, Turkse soep, de meest geliefde soep in Turkije, een beetje zoals Hollandse tomatensoep.'

Meneer V. kijkt me ondanks zijn bereisde leven een beetje ongelukkig aan.

'Stel ik u teleur?' Ik krijg het nog warmer dan ik het al heb in deze broeikas, staat de thermostaat wel goed?

'Nee, nee, zeker niet. Het herinnert me alleen aan tijden die voorbij zijn. Das war einmal. Ik mis die broeierige tijden. Die tijden van tijdloosheid. Losbandigheid. Niet zozeer ten opzichte van de liefde, ik ben best trouw, maar ten opzichte van de tijd.'

Ik sta op en loop naar de uiterste muur van zijn kamer. 'Ik luister, maar ik wil heel even iets checken.'

'Laten staan, hoor, de warmte maakt me slaperig.'

Ik draai me om en houd mijn hoofd schuin. 'Wat bedoelt u?'

'Ik wil verdoofd zijn. Ik weet niet meer wat ik doe. Mijn hoofd is niet meer van mij. Wat doet de tijd er dan nog toe? Heb je mijn man nog gezien? Nee toch? Hij komt ook niet meer, ik heb de vorige keer een bord op zijn hoofd kapotgeslagen. Hij stuurt foto's om me eraan te herinneren. Ik vergeet het steeds weer. En dan krijg ik weer een bericht en zie ik hem. Boos word ik. Ik zeg: "Wie heeft dat gedaan! Ik sla hem kapot!" En dan schrijft hij terug: "Jij." Dus wil je de thermostaat alsjeblieft op tweeëndertig laten staan? Ik wil graag op de kamer eten, als dat mag.'

Meneer V. heeft een P achter zijn naam. Hij mag alles wat hij wil. Hij mag de klok terugzetten. Hij mag ijs als ontbijt. Hij mag champagne als lunch. Want zijn tijd is op.

Er niet meer toe
Tijd duurt soms een slinger aan een klok. Soms is tijd timide, op de achtergrond, wakend. Tijd duurt soms oneindig en ontroostbaar wanneer je klein bent en je knie gestoten hebt. Tijd duurt soms een reis. Soms duurt tijd een vertraagde wandeling op een marktje ver van thuis, of een zoen. En je denkt: ik heb alle tijd. Waarom is alleen de tijd van vakantie dat we ons deze vrijheid, vrij van tijd, permitteren? Tijd duurt soms een gerecht, een gesprek, soms een ogenblik, soms een dag. Soms duurt tijd een liefde. Tijd duurt altijd het eigen leven.

Daarna doet tijd er niet meer toe.

Melancholiekheid

Nog voordat ze wakker werd, kwamen de tranen al.

'Terwijl het een heel mooie avond was, geen vuiltje aan de lucht.' Mevrouw J. (79, zeven keer gevallen) snuit haar neus in een met kant afgezet, smetteloos wit zakdoekje, haar ogen zijn roodomrand. 'Het was echt heel gezellig met me zoon, geen onvertogen woord, geen onafgemaakte zinnen of gesprekken. Of juist zinnen die nog een beetje toelichting behoeven. Niets van dat alles. Een mooie, ronde avond. We zaten op het balkon, de avond was vol leven. En dan toch die tranen...' Ze pakt een nieuw zakdoekje uit het laatje van haar nachtkastje, glimlacht voorzichtig. 'Ik denk dat ik een beetje last heb van melancholiekheid.' Ze schudt haar hoofd, haar witte engelenkrulletjes wuiven mee, trekt het laken strak over haar lichaam, strijkt het glad. 'Maar genoeg nu. Wat ga je maken?'

'Kippensoep. Ik vond een recept met de titel "Prima bij ongelukjes: Mijn Troostsoep"*. In het geval van de bedenker van

* www.smulweb.nl/recepten/1415950/prima-bij-ongelukjes-mijn-troostsoep

dit recept gaat het over een lichamelijk ongelukje, maar het werkt ongetwijfeld ook bij een gekneusde geest. En ik las dat de sodium ervoor zorgt dat je vocht vasthoudt, wat goed is met dit warme weer.' We kijken elkaar aan, haar mooie grijsblauwe ogen, vochtig nog. 'Maar of het de tranen binnenhoudt, durf ik niet te garanderen.'

Wat tranen en mensen doen

'Ik heb het opgezocht,' zegt mevrouw J. als ik haar na de lunch weer opzoek. 'Luister: Melancholie is een zwaardere gemoedsaandoening, met vaak meer diverse gevoelens veroorzaakt door een droevige kijk op het verleden of een onvervuld verlangen. Het wordt weleens geassocieerd met de blues en de fado, het droevige levenslied, de cafard, neerslachtigheid, van een eenzame dronkenlap op een terras, de tranen van Eline Vere, een dromerige blik op een midzomerzonsondergang, de mijmeringen van Wim Sonneveld in "Het dorp" – kortom romantische sentimenten.'

'Mensen die altijd vrolijk zijn, geloof ik niet.' Ik pak een stoel en ga bij haar bed zitten. 'Je kunt niet altijd vrolijk zijn. Dan leef je ergens overheen. Het leven is gewoon soms, vaak, een beetje ingewikkeld. Het hoofd dat altijd maar allerlei ongewenste gedachten laat rondgaan, naar waarheden zoekt, bevestiging, bestraffen...' Ik stop met praten, plotseling overvallen door mijn eigen tranen, sluit mijn ogen. Even lijkt de wereld stil te staan in deze kamer. Een zeldzaam roerloos moment in de tijd. Dan voel ik iets in mijn handen. Mevrouw J. heeft er een zakdoekje in gelegd.

Ik ken de tranen van mevrouw J. Ik heb ze ook júíst na een mooie avond. Tegen het einde van een vakantie, soms ook op zondagavond. Nu. Ze laveren tussen ernst en lichtvoetigheid, tussen een begin en een einde en weer een nieuw begin; er zit een vleugje perspectief in de tranen, dat maakt ze zo vol en intens – de tranen gebieden je dat opgeven geen optie is en dat wil je ook niet, maar toch schuurt het.

'Niet meteen wegvegen. Het zijn tranen om te koesteren. Wees er maar niet bang voor,' fluistert mevrouw J. 'Het zijn gevoelstranen, ze maken je tot mens. Wij zijn het enige dier dat zich bewust is van de eindigheid van dit alles. Het is de tol die we betalen doordat we (te) veel weten (over onszelf).' Ze maakt een weids gebaar met haar armen. 'Dat laatste heb ik niet zelf bedacht, hoor, maar het is wel precies zoals het is. En dit is wat ik weet: ze rollen al eeuwen over vele wangen. Over die van me moeder, me voormoeders, me tantes, me verre nichten, me overleden zussen. Ze vallen in de schoot van me vriendinnen en in die van mijn zoon. En daarna drogen ze weer. Want dat is wat tranen en mensen doen. Ze komen en ze gaan.' En daar gaat nog een zakdoekje. 'Kennelijk zijn genieën kwetsbaarder om in het moeras van de melancholie te verdrinken dan gewone stervelingen. Daar houden we ons dan maar aan vast, hè meis?'*

* Luistertip: radio1.be/lees/een-klein-beetje-ongelukkig-kunnen-zijn-dat-is-de-kunst-van-het-leven

Onbetaalbaar

'Veertien euro.'

Collega H. pakt een schone, strak gesteven theedoek uit de la, wappert ermee in de lucht om de vouwen eruit te halen en hangt 'm aan het haakje bij het aanrecht.

'Dat meen je niet.' Mijn handen zijn bloederig rood van de bietjes die ik zojuist heb geraspt. Zoekend kijk ik om me heen, mijn blik valt op de frisse doek.

'Toch wel. En waag het niet om ze daaraan af te vegen, kom hier.' Ze pakt me gespeeld streng bij mijn ellebogen, draait de kraan voor me open en reikt een borsteltje aan.

'Veertien euro,' herhaal ik verbouwereerd en ik schrob mijn huid. 'Meen je dat serieus of wil je hiermee aangeven dat het echt droevig is gesteld met de salarissen in de zorg?'

'Het is echt zo. Ik kan beter patat en hamburgers gaan bakken bij de Mac dan hier in de keuken staan. Daar krijg ik veertien euro per uur. Mijn dochter verdiende op een bepaald moment met haar bijbaantje meer dan ik. Ik verdien geen veertien euro per uur.'

Ik schud de druppels van mijn hand, droog ze aan mijn

keukensloof. Het rode sap is in de huid rondom mijn nagels getrokken. 'Ik verdíén natuurlijk wel meer,' zegt ze spottend en ze opent de vaatwasser, stapt naar achteren zodat de hete damp die van de glazen af komt kan ontsnappen, 'maar ik kríjg het niet.'

Sigaar

Het is overduidelijk vakantietijd. Op de Amstel is het voller dan op de straten, het rooster van de vrijwilligers is zo leeg als de hemel waar geen wolkje aan de lucht is.

'Alleen jij en K. koken nu. De moeder van T. is een paar dagen geleden overleden, dus ik verwacht dat zij voorlopig niet komt. Iedereen heeft natuurlijk zijn dingen te doen, maar het leven hier in het hospice gaat ook gewoon door.'

Terwijl ik die laatste zin op me laat inwerken, kijk ik naar meneer N. (92) die het bakje met chilisaus voor de Turkse kaasrolletjes leeg lepelt met zijn vork. Meneer N. is hier sinds maandag. H. vertelt dat zijn vrouw onlangs is overleden, thuis, door een val.

'Het is droevig en romantisch tegelijk. Misschien is romantiek dat trouwens wel een beetje per definitie, bedenk ik nu.' Vertederd kijkt ze naar meneer N. die met zijn vingers het laatste restje saus opveegt, vervolgens de soepkom aan zijn mond zet en zijn hoofd achterover laat vallen. 'Hun zoon belde iedere dag met zijn moeder, maar op een gegeven moment nam alleen meneer N. nog op. Hij had steeds een ander excuus; dan weer zat moeder op de wc, dan weer was ze boodschappen aan het doen, dan weer lag ze net even een dutje te doen. Dat ging een week zo door tot de zoon besloot langs te komen. Ik zie je je afvragen: waarom pas na een week?, maar hij woont in het zuiden van België, anders was hij al eerder langsgegaan.' Soms denk ik dat H. mijn gedachten kan lezen. 'Hij trof zijn moeder aan in het ouderlijk bed. Handen gevouwen op de borst, nette, gestreken kleren aan, haar keurig gekamd, maar haar parfum kon haar dood niet verbergen. Zijn vader had hem gesmeekt haar te laten liggen. Hij had zeventig jaar naast haar geslapen. Hij was radeloos. Hoe moest dat nu zonder zijn vrouw?'

Ik stamel dat ik het begrijp. Stel nog een paar weinig belangrijke vragen uit machteloosheid en kijk dan weer naar meneer N. Hij heeft de hele lunch, de romige courgettesoep, de bietencarpaccio met walnoten en tijm en de kaasrolletjes tot de laatste druppel en kruimel verorberd. 'Lekker,' mompelt hij in zichzelf. Hij schuift alles opzij en legt een sigarendoosje op tafel. Het is nog onaangebroken. Met zijn trouwring tikt hij ertegenaan.

'Je vindt het altijd zo gezellig ruiken,' zegt hij.

Alsof we naar een toneelstuk kijken, zo kijken we naar meneer N., die zich op zijn beurt niet bewust lijkt van onze aanwezigheid. Aandachtig peutert hij het zegel los, opent het doosje, brengt het naar zijn neus en snuift met zijn ogen dicht. Een tevreden zucht, een kus op zijn trouwring. 'Ga je mee? Dan steek ik er eentje op.'

Collega H. pakt een kop koffie, loopt om de tafel heen en slaat een arm om meneer N. 'Kom, dan gaan we samen op het balkon zitten onder de parasol. Er staat een klein windje, het is aangenaam. Mijn vader rookte dezelfde sigaren, Corona – die naam klinkt nu toch een beetje anders, hè, net als het biertje, dat klinkt toch ook niet meer lekker. Rookt u een sigaartje? Dan is mijn vader er ook een beetje bij.' Ze schuift zijn stoel naar achteren, helpt meneer N. overeind, zegt zacht in het voorbijgaan: 'Kan de Mac misschien meer betalen, dit, de mensen hier, wat ik voor ze kan betekenen en wat zij voor mij betekenen, dat is onbetaalbaar.'

Verwacht overlijden

Hi H.!

Komende vrijdag ben ik er weer en dan maak ik Thaise wortelsoep en lamspita's. Dit heb ik nodig:

Koriander
Limoen
Zoete aardappel
Wortel (ook voor de lamspita's) 😉
Kokosmelk
Pindakaas
Knoflook, ui, gember
Currypasta (kan ik zelf meenemen, laat maar weten)
Tzatziki
(Lams)gehakt
Pitabroodjes

Dank alvast! Janneke

Iedere maandag stuur ik mijn boodschappenlijstje naar collega H. die vervolgens alles bestelt. Voor de zekerheid check ik vrijdagochtend nog even mijn mail. Soms is iets niet leverbaar en dan neem ik dat zelf mee. Tussen alle werkmailtjes tref ik geen bericht van H., maar wel van P.:

Op 19-08-2022 is meneer V. op K442 overleden om 02.00 uur.
Verwacht overlijden.
P.,
Verpleegkundige Zorgherberg

Ik leg mijn telefoon neer, veeg met mijn vinger tranen weg en kijk door het raam naar buiten, naar de grote wereld die intact blijft, ondanks het verlies dat dagelijks wordt geleden. Hoe zal het meneer R. (86) nu verder vergaan, zonder de zorg voor zijn partner? Het hondje... Ik pak mijn telefoon, lees het mailtje nog een keer, overdenk de woorden 'verwacht overlijden'. Ook in een hospice kan overlijden natuurlijk nog altijd onverwacht zijn, afhankelijk van het lichaam, de wil van de geest, de prognose. Ook al is het uiteindelijk wat ons allen te wachten staat. Dan zie ik dat ik te lang heb staan mijmeren; het is tien uur, ik had er al moeten zijn. *Ik ben onderweg, verlaat, excuses*, laat ik H. weten in de appgroep.

Thai

Er wordt gefluisterd en tegelijkertijd heerst er een wonderlijke, opgewonden sfeer in de keuken als ik binnenkom. Het is rommeliger dan ik gewend ben van H., die altijd schoon, efficiënt en snel werkt.

'Heb je mijn bericht nog gelezen?' vraagt H., terwijl ze

zich uit een omhelzing met een andere collega losmaakt. 'We hebben de Thai vast in de soep gedaan, dan hoef jij er alleen nog maar wortel bij te doen. Dat schreef ik. Flauwe grap. Dat komt...' Ze schraapt haar keel, doet haar haren opnieuw in een staartje. 'Sorry. Het komt doordat er twee mensen zijn overleden. Zojuist, deze ochtend en vannacht. Mevrouw F., maar die was hier maar heel even, die heb je niet meegemaakt, denk ik? En meneer V., die ken je wel. Het blijft altijd verdrietig. Verwacht weliswaar, een kwestie van tijd, toch blijft het onwerkelijk. Sommigen maken een grote indruk. Die blijven bij je.' Ze werkt hier al jaren, heeft al zoveel mensen zien komen en gaan, en toch laat het haar nooit onbewogen. Al die jaren hebben haar niet afgesloten van rouw, van voelen. Dat is de kunst; het durven toelaten van de pijn. Anders gaat het zweren, diep vanbinnen, en explodeert het opeengehoopte verdriet onvermijdelijk op een onverwacht moment.

'Ik las het net voordat ik vertrok,' zeg ik. 'Heeft hij pijn gehad?'

'Nee, hij is rustig in zijn slaap vertrokken. Zijn man was erbij. Dadelijk zal hij worden uitgeleid, wil je erbij zijn?'

Definitief

De deuren naar de keuken en de woonkamer en de deuren van de kamers van de bewoners zijn gesloten om eventuele geluiden te dempen. We staan aan weerszijden opgesteld. De een kijkt naar beneden, de ander naar boven. Ik kijk naar het lichaam onder een donkere deken dat aan ons voorbijrolt op een ziekenhuisbed. Zesenzeventig levensjaren. Er rolt een kind aan mij voorbij, een leerling, een adolescent, een werker, een geliefde, een mens, een voltooid leven. Meneer R. sloft op Adidas-slippers achter zijn man aan, de teckel kwispelend naast hem. Zijn pootjes trippelen ritmisch op het linoleum.

H. en ik wisselen een blik. Ik zie dat ze huilt, maar dat ze het binnenhoudt, zich groot wil houden voor degene voor wie het afscheid het moeilijkst is. Meneer R. knikt naar ons, zegt 'dank jullie voor de goede zorgen' en gaat naast zijn man in de lift staan. De deuren sluiten, H. zucht.

'Ja... zo dus. En nu moet ik hem uit het systeem halen, uit de overdracht. Dat vind ik nog het allermoeilijkste. Een druk op de knop en hij is definitief weg.'

We zwijgen. Het getrippel lijkt nog na te echoën in de gang, die eindeloos lang lijkt. Onder ons, vijf verdiepingen naar beneden, rijden meneer V. en R. door de straten van de stad. Hun laatste rit samen.

'Maar sommigen maken een onuitwisbare indruk.' H. zet de deuren naar de keuken en de woonkamer weer open. 'Die gaan nooit echt weg.'

Het hart weet, het hart vergeet niet

De zomer verliest aan diepte, geeft ruimte aan de lage zon, aan een nieuw seizoen met bescheidener temperaturen. Bij sommigen begint het zomerbruin in het gezicht te vervagen.

'Het lijkt wel alsof ik de vakantie van mijn gezicht kan vegen.' Keukencollega H. wrijft over haar wangen, beteuterd bekijkt ze de binnenkant van haar handen. 'Het gaat ieder jaar sneller voorbij. Gek fenomeen, dat naarmate je ouder wordt dagen uit minder uren lijken te bestaan, jaren uit minder dagen, het zou juist andersom moeten zijn. Ik las ergens dat we dat rond ons veertigste beginnen te ervaren. Tot die tijd beleven we nog veel dingen voor het eerst, liefde, kinderen, huis, werk. Daardoor lijken de dagen langer. Ons geheugen begint op die leeftijd achteruit te gaan, onze hartslag en ademhaling vertragen.' Ze laat een stilte vallen. 'Ik ben vierenvijftig, maar voel me nog altijd achtentwintig. Welke processen vinden er allemaal plaats in mijn lichaam, mijn geest, zonder dat ik daar weet van heb? Of nog vervelender: grip op heb.'

'De aftakeling begint bij de geboorte,' vult mevrouw Y. optimistisch aan. Ze zit zoals gebruikelijk als laatste aan het ontbijt, resten ei en eierschalen op de grond onder haar stoel. 'Eigenlijk heel geruststellend, toch?'

We kijken haar vanuit de keuken vragend aan. 'Geruststellend?' vraagt H.

'Ik vind het fijn om te weten waar het naartoe gaat.' Ze veegt de kruimels rondom haar bord op de grond met een servetje. 'Zonder doel is het leven zinloos. Ik heb mijn leven lang naar een bestemming gezocht.' Ze pakt een mes, houdt het voor haar gezicht, trekt een grimas en legt het tevreden weer op haar bord. 'Hier heb ik hem gevonden.'

Vertrouwen

De zomer gaat over in de herfst, naar de *harvest*, de oogst, het ontbijt gaat over in de lunch, het *noenmaal*. Maar mevrouw Y. wil graag naar haar kamer.

'Ja, gek hè? Ze heeft net drie gekookte eieren en twee tosti's op als ontbijt en het is nu twaalf uur.' H. staat met haar armen in het sop, de afwasmachine is kapot. Het schuim komt tot haar ellebogen, ze heeft er te veel zeep in gedaan.

'Loop je even met me mee?' Veel te jonge mevrouw Y. staat hijgend achter haar rollator voor de deur naar de gang.

'Je hoofd denkt en wikt en weegt, maar het hart weet, lieve kind.' Ze legt haar hand op haar hart als ze op bed ligt, sluit haar ogen. 'Ik probeer er simpelweg maar op te vertrouwen dat het goed komt. Wat kan ik anders in dit bed doen dan vertrouwen?' Ze strekt haar arm uit, tast naar iets op haar nachtkastje. 'Ik kan toch moeilijk de hele dag denken aan de dood. Ik denk liever aan wat er nog komen gaat, een bezoekje, lekker eten,' ze grinnikt, 'en misschien wel een heel mooi leven hierna. Wie zal het zeggen. Niemand kan het navertellen. Misschien word ik koningin van een Perzisch rijk in een volgende eeuw. Of een paar eeuwen geleden. Waarom zou onze ziel niet kunnen reizen in de tijd? Of dichteres of danseres. Dat zou ik zo graag nog eens willen kunnen, dansen, zingen. Ik kan daar, in de dood, weer helemaal opnieuw beginnen. Een tabula rasa. Een onbeschreven leven, waarin weer alles mogelijk is en teleurstellingen mijn handelen en dromen niet hebben kunnen ondermijnen.'

Ik kijk en luister naar mevrouw Y. Hoe ze onbevreesd en onbelemmerd dit onomkeerbare proces tegemoet treedt. En ik hoop dat ik tegen die tijd ook zo dapper en berustend kan zijn.

Vertraagzaamheid

Zo beginnen de dagen: bewustwording van het ademen, het lichaam voelen, het terugkomen in je bed, de omgevingstemperatuur registreren met je lichaam, ogen openen, de tijd waarnemen, constateren dat het ochtend is, de deken van je afslaan, het leven in schuifelen. Ze eindigen met een voltooid gevoel, moeheid, de bereidheid af te sluiten, dan de gang naar de badkamer, haren opbinden, oorbellen uit, make-up afhalen, tandenpoetsen, magnesium slikken, de deken om je heen slaan, overgeven aan de diepte, de schokken, je lichaam overdragen aan de diepte van de nacht. Erop vertrouwend dat er een volgende dag komt.

Waar het leven om gaat
'Op opgevoerde stalen paarden vergeten ze waar het leven om gaat, terwijl ze racen en razen door de straten. Arrogantie van de jeugd, die snelheid. Vroeg of laat worden ze toch wel ingehaald. Al was ik vroeger net zo, hoor. Als je springlevend bent denk je dat de dood aan jou voorbij zal gaan. Dat hij je niet zal zien.' Aan het woord is een oververhitte meneer U. (68). Hij

ligt in het uiterste puntje van het hospice. Keukencollega H. en de zorg noemen hem 'de Diva van de P-zijde', de palliatieve kant. Aan de andere kant, aan de verzorgende kant, ligt namelijk mevrouw L. (59). Zij wordt door het personeel 'De Diva van de V-zijde' genoemd. Ze komen beiden niet van hun kamer af, eten niet in de woonkamer. Meneer U. omdat hij dat simpelweg niet meer kan. De Surinaamse mevrouw L. omdat ze voortdurend bezoek heeft, door haar kinderen op handen wordt gedragen en als een koningin vanuit haar bed over haar mini-imperium regeert in die kamer aan de andere zijde van het hospice. Ze is niet anders gewend dan dat ze krijgt wat ze wil. Om de haverklap wordt er gebeld, dan vanuit de ene kant van de gang, dan vanuit de andere. Als bedienden snellen collega H. en de zorg heen en weer. Glazen ijswater, warme melk, een kruik ('Een kruik? Het is tachtig graden, doe je er ijsklontjes in?' zei ik vanmorgen verbaasd tegen H.) Mevrouw L. stuurt regelmatig eten terug omdat het te lang duurde voordat het kwam, meneer U. omdat het eten te koud is. Het moet gloeiend heet zijn.

'Hoe dan ook, die gassies hebben over tien jaar geen spieren meer, ze bouwen niets op, ze hoeven niets te doen. Die fietsen doen al het werk.' Meneer U. heft een vuist in de lucht, voelt aan zijn bovenarmen, geeft een tik op zijn benen. 'Ik heb ook niks meer, maar ik had ze wel op die leeftijd en nog lang daarna.' Meneer U. windt zich op over de Van Moofs en Fatbikes die mij in alle eerlijkheid ook steeds meer in de weg zitten in de stad. 'Vertraagzaamheid, dat is waar het aan ontbreekt.' Hij maakt smakgeluiden met zijn mond. 'Ik heb zo'n zin in iets zoets.' Ik laat zo onopvallend mogelijk mijn blik over zijn lichaam gaan en denk aan het woord dat hij zojuist uitsprak.

Alleen een laken bedekt zijn magere middel. Lang, grijs haar valt over zijn schonkige schouders. Geplooid gezicht, slaperige ogen.

Crealist

'Waar hebt u zin in? Chocola, koekjes? Ik ben zo terug.' Ik pak de koekjestrommel die bij de thee en koffie staat in de woonkamer, loop gehaast terug. 'Kijk, gevulde koeken!' zeg ik trots, alsof ik ze zelf heb gebakken. Weer smakkende geluiden. De plastic verpakking knispert als hij er zorgvuldig een pakt.

'Neem maar weer mee, hoor, anders word ik nog een koekjesmonster.' Hij gniffelt, er vallen kruimels op zijn ingevallen borst. 'Ach nee toch.' Hij wappert met het laken. De kruimels verspreiden zich in zijn bed. 'Dat maakte het dus alleen maar erger. Maar deze zijn lekker, hoor. Weet je wat ik ook zo graag wil. Oldtimers. Dat heb je soms, hè? Een dropje dat je tien jaar niet hebt gegeten en dan lig je hier en dan heb je ineens trek in dat dropje.'

Ik maak een notitie in mijn gedachten. Oldtimers. Niet vergeten.

'Ik ben een crealist.' Hij kijkt me onderzoekend aan, ik kijk beleefd terug. Ik moet eigenlijk terug naar de keuken, het is bijna halfeen, lunchtijd.

'Een crealist. Een creatief en realist ineen.' Hij zucht. 'Maar wat heb ik eraan hier in dit bed. Hier heb je niets aan welke titel dan ook. Ik lig hier, ik lig hier, ik lig hier maar. Als ik kon zingen, maakte ik er een liedje van. Ik ben aan mezelf overgeleverd in dit bed.' Hij pakt een theelepeltje van zijn nachtkastje, buigt het voorzichtig, ademt in de ronding en hangt het aan zijn neus.

Hij is geen diva, denk ik. Hij is een mens en wil graag aandacht. Hij wil gewoon dat iemand even stilstaat bij hem. Hij wil gewoon even gezien worden.

Op de brug, op weg naar huis, rem ik af, steek mijn hand uit ten teken dat ik naar de stoeprand ga en stap van mijn fiets. Vleiende koosnaampjes als *hoer* en *kutwijf* stuiven in sneltreinvaart langs me heen. Ze vervliegen net zo snel als degenen die ze naar me roepen, achteloos, zonder enige notie naar wie of wat ze roepen. Dahaag! denk ik. Ik hoop dat je een leuk leven hebt. Ik trek mijn fiets het voetgangerspad op en staar over het water dat schittert in de verdraagzame septemberzon, terwijl achter mij de wereld tiert, raast en iedereen zich haast met de vanzelfsprekendheid van morgen weer een nieuwe dag, maar vroeg of laat wordt ingehaald.

Bijsluiter

Al weken zijn nu de vaste onderwerpen: warmte, oorlog, water, geld, het gebrek daaraan. Sinds vorige week kwam daar het overlijden van Queen Elizabeth bij. En natuurlijk wat we eten.

'Romige paprikasoep en caesarsalade,' zeg ik, terwijl ik twee schalen met rode groenten, wortel en knoflook in de oven schuif zodat de groenten zoet en zacht kunnen garen voordat ze de soeppan in gaan. Meneer N. (92, onlangs zijn vrouw verloren) staat op van tafel, sigaar tussen zijn lippen, lucifers in de hand. Mevrouw J. (79, zeven keer gevallen) roept me bij zich.

'Janneke, kun jij een sigaretje voor me bietsen?'

'Bietsen? Bij wie?'

'Sssst, zachtjes. Me zoon mag het niet weten, die wordt boos als hij hoort dat ik rook. Maar van de dokter mag ik twee sigaretjes per dag. De verpleging bewaart het pakje voor me.'

In het kantoor blijkt inderdaad een afgesloten kast te staan waar meer spullen liggen van de bewoners.

'Ze is niet de enige die op rookdieet is. Kijk maar.' Verpleegcollega G. opent de deuren met een sleutel en toont me pakjes met namen van de eigenaren erop zoals een juwelier zijn sieraden in een vitrine etaleert.

Terug in de woonkamer pakt mevrouw J. de sigaret dankbaar aan. 'Lekker, dank je. Vanavond na het eten de andere.' En ze voegt zich bij meneer N. op het balkon.

Bijwerkingen van het leven

'Zal ik langs de kamers gaan om te vragen wie wat wil hebben voor de lunch?' vraagt H.

'Nee, ik doe het wel.' Ik heb namelijk een cadeautje, ik ben het niet vergeten. Met de Oldtimers waar hij vorige week zo hartstochtelijk naar verlangde loop ik naar de kamer van meneer U. (68, crealist).

'Kijk eens wat ik heb?' Glunderend houd ik het pakje omhoog.

'Oldtimers, dat is lekker. Maar ja. Ik vraag al weken om van die vegarepen met amandelen. Al wéken vraag ik om die rotrepen.'

'Al weken.' Ik grinnik om zijn felheid. 'U bent hier nog maar twee weken.'

'Voelt veel langer,' kaatst hij terug. 'Dat komt omdat er geen zak gebeurt. Geen zak.' Hij wappert met zijn laken, kijkt me niet aan.

'Wat zou u willen doen?'

'Autorijden. En door de tuin lopen met blote voeten.' Ik kijk naar zijn magere voeten die in dikke sokken met kerstmannetjes zijn gestoken.

'Is er misschien iemand die een eindje met u zou kunnen rijden?'

Stilte.

Zijn ogen blijven op het laken gericht. Zonder op mijn vraag te reageren vervolgt hij: 'Bijwerkingen van het leven krijg je niet op een dungedrukt, dubbelgevouwen papiertje mee bij je geboorte. In een handig mapje dat je altijd bij je kunt dragen. Een heldere bijsluiter die je van de apothekersassistent krijgt bij je medicijnen. Met kleine, middelgrote en hoge risico's die je mogelijk loopt bij inname. Het is een soort *do it yourself*-verrassingspakket dat voor iedereen anders uitpakt. De een krijgt Ikea, de ander een lege doos, de ander een kant-en-klare villa – om de uiterste smaken uit te stallen. En ik? Ik krijg de diagnose "vergeet-het-maar".'

Onthutst door zoveel meer dan meneer U. zojuist met woorden heeft gezegd kijk ik hem aan. Hij ligt roerloos in het bed waar hij vijf keer in past. Plotseling trekt hij het laken over zijn hoofd waardoor zijn witte kuiten bloot komen te liggen, met de kerstsokken als uitersten van eigenlijk alles in deze kamer.

'Zit hij er nog?' Zijn adem doet het laken licht bollen.

Ik kijk om me heen. 'Wie?' vraag ik.

Hij laat het laken zakken, loert over de rand. 'Daar, die spijkerbroek, die schoenen. Hij zit daar toch?'

Ik kijk naar het woongedeelte van zijn kamer, naar het keukentje – naar plekken die buiten zijn gezichtsveld liggen.

'Het spijt me,' aarzel ik. Een ongemakkelijk gevoel bekruipt me, ik ril. 'Er is niemand.'

'Die drop, hij kocht hem voor me. Kijk dan, hij staat toch hier.' Ik wil zeggen dat ik die net heb meegenomen en dat er niemand is. 'En ik wil die repen zo graag, wil je vragen of hij die mee wil nemen? Met amandelen.'

Ik leg mijn handen op zijn voeten, probeer zijn ogen te vangen, maar hij kijkt dwars door me heen. 'Ik ga het hem vragen,' zeg ik.

Wie ziet wat?

'Gaat het?' vraagt collega H. als ik weer in de keuken ben. 'Je ziet een beetje bleek.'

'Ik kom bij meneer U. vandaan. Hij ziet dingen die ik niet zie. Maar misschien is het wel andersom?' Vertwijfeld kijk ik haar aan.

H. schiet in de lach. 'Je twijfelt aan je eigen geestelijke gezondheid, begrijp ik dat goed?'

'Ja, niet alleen vandaag overigens, maar ik kreeg zojuist echt even het gevoel dat hij een aanwezigheid ervaarde van iets wat ik niet kon waarnemen.'

'Dat kan in zijn realiteit wel kloppen. Hij heeft nieuwe medicijnen tegen psychoses, maar de bijwerkingen ervaart hij als zeer vervelend en hij weigert ze soms in te nemen. Hij hallucineert.'

'Het was echt alsof hij iemand zag. En het was bijna alsof ik die schijnaanwezigheid bemerkte.'

'Triest dat het leven zo eindigt.' Mevrouw J. is weer aan tafel gaan zitten met meneer N. Ik sla mijn hand voor mijn mond. Hebben ze me horen praten over meneer U.? Ik zie meneer N. knikken, hoor hem 'jaja' zeggen.

'Ze was wel iets ouder dan u.'

'Op een gegeven moment houdt het op,' zegt meneer N., hoest in zijn zakdoek. 'Op een gegeven moment houdt het op. Of je wilt of niet. Of je op een troon zit of niet.'

Gerustgesteld realiseer ik me dat het over Queen Elizabeth

gaat. En daarna over de regen, dat het wel wat frisjes is. Over nieuwe en oude, vertrouwde onderwerpen. Dan lijkt het gordijn achter mevrouw J. te dansen, gracieus te bewegen, om aandacht te vragen.

Of ben ik de enige die dat ziet?

Meer is niet nodig

'Er is dus een boek over de dood.' Meneer U. (68, hallucineert, weegt inmiddels nog maar vijfenveertig kilo) waaiert zijn bijna doorzichtige hand richting zijn bedtafel waar een stapel boeken ligt. Ik zet een kom soep en een bord met een zelfgemaakt kaaskoekje en salade ernaast.

'Het is een van de moeilijkste boeken ooit geschreven: *Tibetan Book of the Dead*. Waarom is het zo moeilijk, Janneke? Komt het door het onmogelijk te doorgronden onderwerp? Komt het door ons onvermogen te leven met de dood? Ons onvermogen onszelf voor te bereiden op de dood? Het is nu eenmaal de afspraak. Kies je voor leven, dan kies je voor de dood. Beetje jammer, maar dat is de deal.'

Onwillekeurig zie ik een soort jezusfiguur in dit bed, witte lakens gedrapeerd om zijn ranke heupen, een martelaar voor De Gezonden.

Ik probeer een antwoord te formuleren op zijn veel te grote vragen, terwijl hij doorpraat. Ik denk aan een interview met filosofe Sanneke de Haan dat ik gisteravond las in *De zin van het leven* van *Volkskrant*-journalist Fokke Obbema: 'We zijn allemaal ploeteraars die er wat van proberen te maken. Iedereen heeft zijn angsten, zijn worstelingen, zijn onhandigheden, zijn kwetsbaarheid.' In de ogen van Sanneke heeft het iets hebberigs een overkoepelende betekenis te willen: 'Alsof die geweldige rijkdom aan genot, sensaties en ervaringen van verbondenheid die het leven biedt niet genoeg is, maar ook ergens goed voor zou moeten zijn.'

Waarom stellen we uit?

'In vroegere tijden en in bepaalde culturen en geloven denkt men nog steeds dat dit aardse bestaan slechts een voorbereiding is op de eeuwige jachtvelden waar het paradijs ons wacht.' Meneer U. haalt een hand door zijn grijze, lange dunne haar, lijkt moed te verzamelen.

'Ik ben mijn hele leven bang geweest voor een mogelijke botsing met mijn lichaam. En nu pas vindt die werkelijk plaats, op mijn achtenzestigste. Op mijn twaalfde wist ik zeker dat ik de zestien niet zou halen, op mijn achtentwintigste wist ik zeker dat ik de tweeëndertig niet zou halen. Ik wist altijd zeker dat ik niks zou halen. Nu heb ik geen tijd meer om die verloren jaren waarin ik altijd dácht aan de dood maar juist leefde in te halen. Waarom stelen we van onszelf? Waarom stellen we uit wat we diep vanbinnen willen?'

Hij houdt het pakje Oldtimers dat ik hem vorige week gaf schuin in de lucht, schudt tot er een dropje uit valt, legt het onder zijn tong.

'Sabbelen duurt het langst.' Met zijn tong bevochtigt hij zijn lippen. 'Jachtvelden zijn trouwens van de indianen. En die mogen niet meer.'

'Die mogen niet meer?' vraag ik.

'Winnetou is gecanceld.' Zijn toon is scherp. 'Lees je de krant niet?'

Mijn gedachten schieten alle kanten op. Dan bedenk ik dat meneer U. het over de fictieve held Winnetou heeft, het opperhoofd van de Apachen uit kinderboeken waar hele generaties mee zijn opgegroeid. De verhalen die stammen uit 1875 zouden nu een veel te geromantiseerd beeld met kwetsende clichés en vooroordelen over indianen bevatten. De uitgever heeft nieuw verschenen boeken om die reden uit de handel gehaald.

'Welke bevolkingsgroep zal de volgende zijn?' Meneer U. pakt het kaaskoekje op, goochelt ermee tussen zijn vingers. 'Wat is dit?'

'Een kaaskoekje,' zeg ik.

Hij wentelt het tussen zijn vingers, flipt het de lucht in. Het valt uit elkaar op de grond. Verbaasd over het resultaat van zijn eigen handelen kijkt hij naar de goudgele splinters op het linoleum.

'Wij,' verzucht hij. 'Wij zijn de volgende. De oudjes, de zieken, de niet-bijdragenden aan de economie. Wij kosten geld, wij leveren niets op. Ik zou het allemaal moeten opschrijven. Je ziet het pas, als je er zelf onderdeel van uitmaakt.'

Veel denken is niet nodig en doe wat je kan

'Wilt u misschien een nieuw koekje? Of een boterham?' Ik wil hem graag helpen, troosten met de juiste woorden, ontkrachten wat hij zegt. Ik wil helpen, maar het enige wat in mijn macht ligt is hem voeden. Met een boterham zonder korstjes en met smeerkaas als opdracht loop ik door de gang naar de keuken. Mijn oog valt op een lijstje boven het gedenkboek in de gang dat er vorige week nog niet hing. In een levendig handschrift staat er:

Den eerst bedank
Van jullie om mij bezorgd.
Met deze goede zal ik nooit vergeten en ik hoop dat jullie ga naar te beste en veel gezond. Plus komen meer geluk en maak meer plezier.
Veel denken is niet nodig en doe wat je kan.
Met deze schrijf moet een fout heeft omdat ik ben nooit school geweest, maar alleen dat jullie een begrijp heeft.
Dat is genoeg voor mij.
Meer is niet nodig.

Het is ondertekend door meneer Li. Meneer Li tekende onze namen op papieren placemats in 3D, maakte veel ruzie en gaf dan weer een placemat om het goed te maken. Hij is hier niet zo lang gebleven. Meneer Li en meneer U. hebben elkaar nooit ontmoet. Ik snijd de korstjes van het brood, smeer de smeerkaas uit en vraag me ondertussen af of ze in een ander tijdsgewricht vrienden hadden kunnen zijn geweest. Lange meneer U., kleine meneer Li.

Hij slaapt als ik terugkom. Zo stil mogelijk zet ik het bord naast de soep die nog onaangeroerd naast de stapel boeken staat. Ik lees titels als *Voorbij, voorbij*, *De ziel*, *Troost*, *Hier besta ik*, *Maar niet uit het hart*...

Zoveel boeken waarin naar betekenis wordt gezocht voor dat waar de levenden nooit de woorden voor zullen vinden. Zoveel boeken om ons te gidsen naar die ene onbekende bestemming.

Ik fluister 'slaap lekker' tegen meneer U., knik in de gang naar meneer Li en neem de trap in plaats van de lift vijf verdiepingen naar beneden. Het hospice ligt aan een doodlopende straat. Ik kijk achterom, naar het einde. Stap op mijn fiets. En rijd weg, zo hard ik kan de andere kant op.

Tot volgende week

Zo nu en dan komt er iemand bij het muurtje van de keuken staan, een zoekende blik in de ogen. Soms is het een monteur voor de vaatwasser die het regelmatig begeeft, soms is het een kapper of pedicure voor een bewoner, maar meestal is het familie van een nieuwe bewoner die de weg nog niet weet – ook al is er maar één gang.

Nieuw

Het is een jonge vrouw, slank, lang, blonde krullen, open gezicht. Weemoedige, maar glasheldere lichtblauwe ogen. Zwartleren jasje. Ik schat nog geen vijfentwintig.

'Hoi,' zeg ik. 'Kan ik iets voor je doen? Heb je iets nodig?'

'Mijn moeder is net een uurtje geleden hier gebracht. Ze slaapt nu, ik kijk even rond.'

'Wil ze dadelijk iets eten, als ze wakker wordt?'

'Nee, ze is te misselijk.'

'Wil jij iets eten? Er is genoeg.'

Ze kijkt naar de pannen, glimlacht. Bedankt en wil weglopen.

'Zorg voor jezelf, hè?'

Ze draait zich weer om, leunt over de rand. 'Wat heb je gemaakt?'

'Witlofsoep, niet bitter, heel lekker,' prijs ik mijn waar aan. 'En een salade.'

Ze leunt nog iets verder voorover, staat op haar tenen nu. 'Ik heb eigenlijk best honger. Mag ik het hier opeten? Mijn moeder kan niet zo goed meer tegen etensgeuren.'

De vaas

Ze eet twee kommen soep, een salade en twee bruine boterhammen met kaas. Als ze terug wil gaan naar haar moeder komt er een man in een rode regenjas binnen.

'Ze zeiden in het kantoor dat je hier was. Wat fijn je te zien. Ik wil graag even naar je moeder toe.' Ze verschiet van kleur, bijt op haar lip.

'Mijn moeder slaapt.' Ze kijkt de man verontschuldigend aan. 'Ze moet rust hebben.'

'Ja, nee, natuurlijk. Maar ik heb bloemen...'

'Die geef ik haar wel.'

'Je moeder betekent veel voor ons.'

De jonge vrouw knikt. 'Ik zal ze in een vaas doen.'

De man knikt nu ook, wrijft over haar rug. 'Ik wens jou en je broer heel veel sterkte.'

Ze onttrekt zich aan een bijna-omhelzing, bedankt hem voor de bloemen en loopt weg.

Na een klein uurtje komt ze weer terug. 'Hebben jullie misschien een vaas?' Ze houdt de bloemen ongemakkelijk in haar handen, alsof ze giftige doornen hebben, al zijn het geen rozen. Ik toon haar de kasten waar talloze vazen staan, in talloze formaten. Ze doet onevenredig lang over het uitzoeken van de juiste vaas, pakt steeds een te grote, maar vooral steeds een te kleine. 'Kijk, deze. Dan maak ik ze wat korter, dan past het toch?'

'Dat is zonde van de bloemen, wacht.' Boven op een andere kast staat een kleurrijke vaas die mooi past bij de kleuren van de bloemen. 'Is dit niks? Houdt je moeder hier misschien van?'

Ze doet de bloemen in de vaas, schikt ze, doet een stap naar achteren. Ze trekt haar schouder naar haar wang, schudt haar hoofd. 'Ik weet het niet.'

'Ik wel, het staat prachtig!' probeer ik overtuigend. 'Zo hoeven de bloemen ook niet korter gemaakt te worden. Dat zou echt zonde zijn.'

Sorry bloemen

Ik ruim verder op en loop naar meneer U. Als ik terugkom, heeft ze een kleine vaas gepakt en de bloemen gekortwiekt met een schaar.

'Is je moeder erg ziek?' vraag ik.

'Ze is plotseling snel achteruitgegaan, de laatste twee weken.'

Ik had de vraag niet moeten stellen, denk ik. Waar bemoei ik me mee? Ze is hier net. *Dat is niet professioneel, Janneke*, spreek ik mezelf bestraffend toe. En ineens overvalt me de morbide gedachte dat er mogelijk mensen zijn die in hospices willen werken vanwege een ziekelijke obsessie met de dood. Dat bestaat. Als ze maar niet denkt dat ik zo iemand ben. Ik moet mijn woorden zorgvuldig kiezen.

'Sorry, ik had het niet moeten vragen. Het spijt me.'

‘Natuurlijk mag je dat vragen. Dat is gewoon aardig. Er is een verschil...’ Ze kijkt om zich heen. ‘Er is een verschil tussen iemand die zich als innige vriend voordoet op momenten dat het heel, echt heel slecht gaat en iemand die oprecht een intieme vraag stelt.’

‘Die meneer met de bloemen?’

‘Ja. Mijn moeder is hier nog geen dag en hij komt al zijn treurnis over ons uitstorten. Straks moeten wij hem nog troosten. Hij was zo verdrietig toen hij het nieuws vernam. Toen ze nog thuis was en we echt hulp nodig hadden, zagen en hoorden we hem nooit.’ Ze kijkt naar de bloemen alsof ze schuldìg zijn. ‘Zij kunnen er niks aan doen, ik had ze in de grote vaas moeten laten staan. Sorry bloemen. Hij is een aasgier. En hij is helaas niet de enige. Er zijn mensen die een kick krijgen van iemand die stervende is. Geen idee waarom. Misschien omdat het ze afleidt van hun eigen sores. Misschien omdat ze zich verheven voelen omdat ze nog niet zijn aangesproken door de dood. Ze zijn nog niet aan de beurt. Ze mogen door. Naar het café, naar huis. Gezond. Heel.’ Ze praat als iemand van wie de tranen op zijn. Ik heb het gevoel alsof ik haar en haar gevoel al jaren ken.

Als ik wegga, durf ik niet te zeggen ‘tot volgende week’, dat doe ik allang niet meer, maar ze is me al voor.

‘Je zult me hier wel vaker zien. Dank voor het meedenken over de vaas.’ Ze houdt hem voor haar gezicht, aan de klank van haar stem hoor ik dat ze met een glimlach praat. En ik zeg: ‘Tot volgende week.’

December 2022

Mevrouw Z.

Palliatieve zorg is zorg die gericht is op *palliatie*, dat wil zeggen verzachting of verlichting. Het is afgeleid van het Latijnse woord *pallium*, dit betekent mantel. In de palliatieve zorg biedt men aandachtige zorg die als een mantel de zieke omgeeft. Het herinnert aan de daad van Martinus van Tours (Sint-Maarten) die zijn mantel deelde met een naakte bedelaar.*

In Nederland zijn ruim tweehonderd hospices. Ze zijn toegankelijk voor iedereen die ongeneeslijk ziek is en niet meer thuis kan of wil wonen. Geen enkel hospice is hetzelfde, maar allemaal delen ze de liefde voor het leven, de zorg, de aandacht, geduld. *Verwenzorg*. Een plek waar mét de mensen wordt gepraat, niet óver.

Ruim twee jaar nu ben ik vrijwilliger in dit hospice in Amsterdam-Oost. Mensen komen hier om te sterven, maar soms

* Bron: nl.wikipedia.org/wiki/Palliatieve_zorg

knappen ze weer op en gaan ze weer weg, zoals Rietje. Soms geeft een lichaam dat kwam om te herstellen het op. En dan overlijdt iemand die eigenlijk terug naar huis zou gaan.

Relaties die je hier aangaat kunnen een dag, een week, een maand, maar nooit langer dan enkele maanden duren. Dat maakt de gesprekken eerlijk. Ze móéten eerlijk zijn. Want er is geen tweede kans.

*

Het is weer december. De kamer van mevrouw Van den B. is inmiddels al zeker vijftig keer opnieuw bewoond geweest, gevuld met levens. Levens in levens in levens. Nu is de kamer gevuld met het leven van mevrouw Z. Ik kom vragen of ze iets van de soep heeft gegeten. Ze gebruikt medicijnen die haar smaak volledig hebben geruïneerd. Ze proeft niets of ze proeft smaken die er niet zijn. Ik zie dat haar kommetje nog vol zit.

'Zal ik de lunch meenemen?'

Mijn vraag negerend zegt ze: 'Weet je wat het is met deze kamer?' Een peinzende blik.

Ik haal mijn schouders op.

'Hij mist groen en wat rood.'

Ik kijk in haar woonkamer en zie een grote palm in een hoek staan. Ik til de pot op en toon hem trots, alsof ik hem zelf heb gekweekt, aan mevrouw Z. Ze klapt verheugd in haar handen.

'Ja, ja! Precies. Nu even denken, waar kan hij staan.' Ze geeft me aanwijzingen: 'Daar, nee toch daar, of toch naast de tv maar dan op een krukje en dan moet die amaryllis weg, anders zie ik niets meer. Geef die maar hier, die zet ik op mijn nachtkastje.' We knikken beiden goedkeurend naar de palm.

'Nu vraag ik me af: zal ik een sigaretje nemen of een shotje whisky?'

'Waarom niet allebei?' opper ik iets te enthousiast.

Ze kijkt me ondeugend aan, trekt een papier uit het laatje van haar nachtkastje.

'Je hebt gelijk, waarom niet allebei, want dat mag volgens dit lijstje.' Ze houdt het in de lucht zodat ik het kan lezen. Er staat:

1. *Drie shotjes whisky per dag.*
2. *Geen whisky samen met de medicijnen, ook niet samen met cocaïne.*
3. *Liever helemaal geen cocaïne.*

'Er staat niets over roken en sigaretten. Sowieso zou ik enorm recalcitrant worden van zo'n lijstje,' zeg ik, terwijl ik inwendig juich over hoe geweldig veel vrijheid de stervenden hier krijgen. Geen betutteling. Er is geen uitstel. Er kan alleen een beetje leven worden toegevoegd aan de uren, de dagen die resten.

'Dat heb ik nou ook! Wil je die fles die daar op het tafeltje in de woonkamer staat even pakken? Er zit nog net genoeg in.' Mevrouw Z. houdt de regie.

Ze walst het laagje drank in de fles en pakt ondertussen een plastic maatbekertje, waar normaal gesproken de medicijnen in worden gegeven. 'Nu opletten. Dit is de perfecte maat voor een shotje.' Met vaste hand schenkt ze precies tot de rand vol. 'Doe jij de dop erop?' Ze zet het bekertje aan haar mond, heel zorgvuldig, en werpt haar hoofd in haar nek. Dan pakt ze een glas water, neemt een slokje. 'Dit is belangrijk, dit haalt de brand eraf. Zo, en dan ben ik benieuwd, ik zal het niet nemen, hoor, maar ik ben toch benieuwd of ik nog wat heb.'

Uit het laatje vist ze een onschuldig gehaakt tasje, klikt het open en haalt er een wit envelopje uit, vouwt het open, knikt content.

'Maar cocaïne mag dus niet, dan doe ik dat ook niet. Ik wil het de mensen niet te lastig maken hier. Maar Janneke, er zit nog wat in die fles. Als jij dat nu inschenkt, dan steek ik een sigaret op – als dat mag?'

'Natuurlijk mag dat.' Ik schenk haar maatglaasje vol, zet de lege fles om het hoekje in de woonkamer zodat ik die straks kan weggooien.

'Het gaat over diepte. Ze moeten diep spelen.' Ze niest in een zakdoekje dat ze vervolgens onder haar deken stopt en trekt zichzelf omhoog aan de beugel boven haar hoofd.

'Diepte? Wat bedoelt u?'

'Voetbal.'

Vanavond speelt het Nederlands elftal. Mevrouw Z. kijkt graag naar voetbal. Ik ga in de stoel die naast haar bed staat zitten.

'Ik heb drie broers. Maar ik mocht nooit niets zeggen natuurlijk.'

'Zei u niets?'

'Ik en niks zeggen. Je hebt een mond om te praten. Al is me dat niet geleerd. Mijn moeder gooide toen ik vier was al waterstofperoxide in mijn haar omdat ze vond dat het te donker werd. Te donker was niet chic.' Ze zegt het zonder ironie, zonder pijn.

'Mijn moeder deed ook maar haar best, denk ik vaak. Ze

had het niet makkelijk. Niemand niet. Mijn oma, de moeder van mijn vader, had kraamgekte. Zijn zus ook. Schijnt erfelijk te zijn.'

Mevrouw Z. praat coherent, articuleert zorgvuldig en ik kan het niet helpen dat ik een beetje aan Connie Palmen moet denken. Ze heeft hetzelfde artistieke voorkomen, ze formuleert op dezelfde accurate, intelligente wijze. Ze doorziet schijn. Daarom worstel ik des te meer met welke vraag ik nu durf te stellen. We hadden het over kinderen, over haar als kind. Ik vraag haar of ze kinderen heeft.

'Nee.'

Ze heeft twee miskramen gehad. Een keer wist ze niet dat ze zwanger was. 'Niet handig.' De tweede keer wel, maar toen ging het ook mis. En daarna heeft ze verstandelijk besloten, ook vanwege het erfelijke aspect, niet meer zwanger te worden.

'Zo'n beslissing neem je verstandelijk. Maar emotioneel weet ik niet of je daar ooit echt vrede mee kunt sluiten.' Ze houdt van praten, zegt ze. Als ik er genoeg van heb, moet ik dat zeggen.

'Hebt u weleens spijt van iets wat u hebt gezegd?'

'Natuurlijk! Ik kan toch niet zien hoelang iemands tenen zijn. En een mond heb je om mee te praten, zoals ik net zei.'

'Hoe oud bent u eigenlijk?'

'Negenenzestig. 5 januari word ik zeventig. Prednison is beter dan botox,' grinnikt ze.

Ze mist nog iets roods in de kamer. Ik haal een kerststukje uit de woonkamer.

'Ja, precies goed.' Weer klapt ze in haar handen. 'Ik heb nog nooit een verjaardag overgeslagen.'

Haalt ze het? Ik hoop het, voor haar op dit moment, zoals ze glunderend haar nieuwe kamer rondkijkt. Ik hoop het voor mezelf, omdat ik haar zo graag zie genieten van een borrel. Ik hoop het omdat de dood, hoe dichtbij hij hier ook is, op haar schouders rust en meeleeft, mee ademt, meebeweegt in de laatste dagen, weken, toch heel ver weg is in dit kleine universum vol leven en verhalen.

'Weet je wat ik me ook weleens afvraag, Janneke?'

'Nou?'

'Waar heb ik me in godsnaam druk over gemaakt?'

Ik prent mezelf deze woorden in.

Ik wil me deze woorden altijd blijven herinneren als ik een werkmail vergeet te sturen.

Als mijn fietsband lek is.

Als het dopje van de tandpasta er niet op zit.

Als er iets breekt. Iets groots, iets kleins. Als er iets uit elkaar valt.

Als er regen valt, tegenwind is.

Als de zon brandt.

Als er iets gebeurt waar ik geen invloed op heb.

Of wel.

Mevrouw en meneer A. t/m Z. Ze zeggen uiteindelijk allemaal hetzelfde: 'Het zijn scherven die je laten voelen dat je leeft. Ze halen je open, zodat je weet dat je bestaat. Dat je ruimte inneemt. Dat je leeft, lieve meis.'

'Janneke, hoor je me? Ik vraag me namelijk nog iets af. Is er nog een beetje Jameson? Ik wil met je proosten! Op onze Feng Shui-kamer.' Ze wiebelt tevreden met haar tenen. De gordijnen zijn dicht, het schemerlicht is aan.

Vanavond voetbal dus. Natuurlijk gaat ze kijken. Maar niet als de mannen te verdedigend zijn, dan wordt het saai.

'Je moet niet verdedigend spelen,' herhaalt ze.

En ze voegt eraan toe, terwijl ik haar woorden naar het leven vertaal: 'Kijk je even of er nog een fles is?'

*

Hoeveel levens duurt een leven werkelijk? Je neemt de levens van vóór jou mee, die jou hebben gemaakt. De levens die je schenkt, die je beïnvloedt.

Waarom doe je vrijwilligerswerk? Doe je het voor jezelf, voor karmapunten? Zo ja, is dat erg? Bestaat het dat je iets volslagen belangeloos voor de anderen doet, louter uit liefde? Waarom maken we soep, waarom willen we zorgen? Om iets van onszelf te vergeten, te vergeven? Om zin te geven aan het leven? Móéten we zin geven aan ons leven? Is het leven niet goed genoeg van zichzelf?

Ik ben nu achtenveertig. De bijna meditatieve rust die ik hier ervaar, geef ik door. De humor die de onvermijdelijkheid verlicht. Het is een leven lang leren, een leven lang balanceren. Alles beter dan onverschilligheid. We hebben de ander nodig om iets te kunnen brengen.

Werken hier in dit hospice is wellicht niet belangeloos, maar wel in het belang van de mensen in mijn kleine wereld.

Dan toch: louter uit liefde.

Verantwoording

- Het gedicht van Ineke Holzhaus op pagina 72-73, 'Blaadje', komt uit: *Dichter*, kwartaalblad Stichting Plint, 12 (2019).
- Het gedicht van Toon Hermans op pagina 132 en 134-135, 'Er moeten mensen zijn': © Toon Hermans
- Het gedicht van Rutger Kopland op pagina 146, 'Ga nu maar liggen, liefste in de tuin', komt uit: *Een lege plek om te blijven*. Amsterdam: Van Oorschot, 1975.